Anna

Böhlau

Inge Friedl

Familienleben
in alter Zeit

Fünf Kinder und mehr

Böhlau Verlag Wien · Köln · Weimar

Bibliografische Information Der Deutschen Bibliothek:
Die Deutsche Bibliothek verzeichnet diese Publikation in der Deutschen Nationalbibliografie;
detaillierte bibliografische Daten sind im Internet über http://dnb.ddb.de abrufbar.

ISBN 978-3-205-77670-3

Das Werk ist urheberrechtlich geschützt. Die dadurch begründeten Rechte, insbesondere die der
Übersetzung, des Nachdruckes, der Entnahme von Abbildungen, der Funksendung, der Wiedergabe
auf fotomechanischem oder ähnlichem Wege, der Wiedergabe im Internet und der Speicherung in
Datenverarbeitungsanlagen, bleiben, auch bei nur auszugsweiser Verwertung, vorbehalten.

© 2007 by Böhlau Verlag Ges.m.b.H. und Co.KG, Wien · Köln · Weimar
http://www.boehlau.at
http://www.boehlau.de

Druck: Imprint, Slowenien

Inhalt

Vorwort   11

Es erzählt:
Theresia Kain

Der älteste Hallstätter	13
Der Vater und die Mutter	14
Der spinnerte Baron	15
Die teure Medizin aus Ischl	16
Unser Doktor	16
Fleisch und Schmalz	17
Wenn Wasser über neun Steine rinnt	18
Das Brotkugerl	20
Die reiche Tante	20
Die Trüffelweiber	21

Es erzählt:
Familie Rießner

Hungrig schlafen gehen	23
13 Kinder	24
Die „Heiel"	25
Die Kinder sind fest eingefatscht worden	26
In der Früh' ein Muas, auf d' Nacht eine Suppe	27
Dienstbotenwürste und Kachelstubenwürste	28
Die Freiheit beim Spielen	29
Die Heubudn	30
Brotbacken mit 11 Jahren	31
Der „ge'nde" Strudel	32
Der Krampus mit dem Buckelkorb	33
Erzählen und Spinnen	34
Der Heilige Abend	36
Krenkette und Ameisenöl	36
Vom Stottern und vom Singen	38

	Stinken wie ein Geißbock	39
	A Bua muaß a Luader sein!	39
	Der Lehrer hat immer gesagt: „Ihr Doppeldodln!"	40
	Stanglstrümpf und Schuhfetzen	41

Es erzählt:
Theresia Laserer

Meine Mutter war „a kolter Wecken"	43
A Sau, a Lampl und zwa Küah	43
Die Ahnl	44
D' Resl ist auch geladen	44
Vom Tragen auf dem Kopf	47
Der Wildschütz	47
Umagaustern	48
Das Strumpfbandl	48
Rad fahren lernen	48

Es erzählt:
Familie Grundner

Mit 7 Jahren weg von daheim	51
Der Großdatl	54
Die Rauchkuchl	55
„A weng a kluage Zeit"	56
Wenn der Knödl springt	57
Froschhaxl und Blumenkranzl	58
Der Waschtag	60
Das Godngehen	61
Vom Umgang mit den Kindern	61
Mit dem toten Kind ist er heimgekommen	62
… dann hat sie das Muttergefühl abbauen müssen	63
Bittschön! Dankschön!	64
Ein Stückerl Freiheit am Schulweg	64
Graß hacken	66
Das Spiegelei	66
Die Zacherlnussen	67

Es erzählt:
Karl Solderer

Mei Hoamat	69
Der Strohdecker	70
Die Tante Thresl	71
Das Findelkind	72
Auf den Boden gespuckt	73
Eine „Mordshetz" auf der Totenwache	74
Das „Häusl" am Kirchweg	76
Der nackte Oberkörper	76
Das Hundsschmalz	78
Eine Kindheit empfindet man immer als schön!	78
Als Kind im Spital	79
Fensterln und raufen	80
Rotzige Kinder	80
Der Most	81

Es erzählt:
Julius Malzer

Die Hasen, die Ferkel und der Garten	83
Disziplin beim Erdbeerpflücken	84
Samstag war Badetag	85
Jeden Monat einen Gugelhupf	85
Der Sautrank aus dem Hotel	86
Rangeln am Schulweg	87
Schifahren	88

Es erzählt:
Konrad Zeiler

Das Zithertischerl im Baum	89
„Der Vochtel treibt's Handwerk"	90
Vater, Sohn und die Technik	90
Das tägliche Brot	91
Die Zeit, als noch der Storch die Kinder gebracht hat	94
Die Dienstboten	94
Der Störschuster	94
Der Kramer	95
Der Kletzenloab	95

	Palmbuschtragen	96
	Lausbubenstückln I	97
	Lausbubenstückln II	98
	Lausbubenstückln III	99

Es erzählt:
Hubert Wörnschiml

	Die erste Kindheitserinnerung	101
	Der Vater	102
	Waschen, schnäuzen, kampeln	102
	Sauerampfer, Röhrlsalat und Brennnessel	103
	Ein Garten und ein Erdäpfelacker	103
	Blumenbrocken am Muttertag	104
	Das „Buamerleben"	104
	Messer und Feuer	106

Es erzählt:
Familie Huber

	Wenn die Hebamme gekommen ist	107
	Die Ziehmutter	108
	Der eingefrorene Nachttopf	112
	Ein eigener Kasten	113
	Die große Sau	113
	Schauen und Zuhören verboten!	115
	Der Klampferer	116
	Die Scholiderin	117
	Zahnschmerzen und Zähnereißen	117
	Die Wolle im Bach	118
	Der Toni, der Pius und der Gust	119

Es erzählt:
Familie Resch

	Kinderreich und kinderarm	121
	Was ist es denn, ein Dirndl oder ein Bua?	122
	Wie man arbeiten lernt	123
	Äpfelklauben und Viehhalten	124
	Der Tagesablauf	125
	Schutzengel	127
	Der Unfall	128

Vom Barfußlaufen	129
Der Sonntagsbraten	129
Spielt's schon wieder!	130
Aufs Dach gekraxelt	130
Kinder und Pferde	131
Butten her!	132
Die Festtagsstimmung	133
Von Weihnachten bis Dreikönig	135
Ostern	136

Leibspeisen aus alter Zeit „Was ich als Kind gerne aß" 137

Glossar 151

Bildnachweis 155

Vorwort

Das Familienleben am Land – wie es früher einmal war, vor 50, 70 und 90 Jahren. Harte Arbeit, Armut und enges Zusammenleben prägten die Menschen, aber auch ein überschaubarer Lebensrhythmus, der oft unerwartet seine kleinen Freuden bot. Alles hatte seinen zugewiesenen Platz, Geburt und Tod wurden nicht aus dem Haus verbannt, die Arbeit von den Jahreszeiten bestimmt und Feste in immer wiederkehrender Abfolge gefeiert.

Ich durfte für dieses Buch mit Menschen in Salzburg, Oberösterreich und der Steiermark reden, von denen die älteste Gesprächspartnerin immerhin 1909 geboren wurde.

Gewöhnlich saßen wir in der Küche oder in der Stube beisammen und redeten stundenlang über die alte Zeit. Wer kann sich heute noch vorstellen, dass Tote im Haus aufgebahrt werden? Oder dass man Babys am ganzen Körper einfatschte?

Behutsam habe ich die Geschichten meiner Gesprächspartner zu Texten verarbeitet und in den Sprachduktus der Erzähler und Erzählerinnen so wenig wie möglich eingegriffen.

Mein Wunsch ist es, dass sich auch der Leser, die Leserin als Zuhörer fühlen mag, vielleicht sogar das eine oder andere Mal meint, mit den Erzählern gemeinsam am Küchentisch zu sitzen.

Inge Friedl

Es erzählt:

Theresia Kain

„Schneider-Resl", geb. 1923, Hallstatt

Der älteste Hallstätter

Mein Großvater war 76 und schon fast blind, aber ist jeden Tag noch spazieren gegangen. Er war damals der älteste Hallstätter, er ist 1857 geboren. Gewohnt hat er im Markt bei seiner jüngsten Tochter. Zu Mittag ist er jeden Tag zu uns gekommen. Da hat er gegessen und ein bissl gerastet. Dann ist er weiter zu einer anderen Tochter, dort ist er geblieben bis zur Jausenzeit um drei. Nach dem Jausnen ist er wieder den Weg zurückgegangen, unterwegs war ein Gasthaus, da hat er sein tägliches Seiderl Bier getrunken. Nachher ist er noch einmal zu uns gekommen, auf eine Jause und einen Tee. Dann ist er wieder in den Markt gegangen, das war sein Tagesablauf. Er hat gesagt, dass er am Abend froh ist, wenn er wieder in sein Stüberl kommt.

Das Wegerl, auf dem er gegangen ist, war so schmal, grad, dass man mit einem Leiterwagerl hat fahren können. Er hat den Weg immer mit seinem Stecken abgetastet, dass er nicht danebentritt, weil er ja fast blind war.

Er und die Großmutter haben 16 Kinder gehabt, aber nur 11 sind groß geworden. Der Großvater hat ein kümmerliches Leben gehabt, er war Straßenarbeiter und viel arbeitslos. Deshalb hat er nebenbei immer Späne zum Einheizen gemacht und die dann verkauft. Wir haben früher fast kein Papier zum Einheizen gehabt. Eine Zeitung hat sich damals ja niemand leisten können.

Der Großvater hat das Holz zuerst in Wasser eingeweicht, dann hat er ganz feine Scheiterln gehackt. Die hat er Millimeter für Millimeter eingeschnitten, damit er die Späne mit dem Messer wegziehen hat können. Dann hat er alles wieder trocknen lassen. Die Spän' hat er bundweise abgebunden und im Winter auf der Straße verkauft.

Als er schon alt war, hat er sich noch immer etwas dazuverdient. Im Sommer hat er im Echerntal die Gatterln aufgehalten. Wenn das Wetter schön war, ist er jeden Tag ins Echerntal hineingegangen, wo das Tal von Hallstatt breiter wird. Die Felder waren in Hallstatt alle mit Steinmauern abgegrenzt und überall waren Gatter. Bei schönem Wetter ist mein Großvater beim ersten Gatterl auf einem Bankerl gesessen und wenn Fremde gekommen sind, hat er das Gatterl für sie aufgemacht. Dann hat er hie und da ein bisserl was gekriegt. Nicht viel, aber zwei, drei Groschen waren es schon. Wenn jemand ein Zehnerl gegeben hat, war's schon ein guter Tag. Weiter drinnen, wo die Felder aufgehört haben, war noch ein Gatterl, da ist eine Frau gesessen, ein altes Weiberl aus dem Armenhaus. Und die ist recht zornig gewesen, wenn die Wanderer gesagt haben: „Da draußen war eh schon einer!" Da hat sie natürlich weniger gekriegt.

Und noch weiter drinnen war noch ein Gatterl, da ist noch einer gewesen. Dort sind die Fremden schon unwillig geworden. Weil, der hat auch das Gatterl aufgemacht und die Händ' hingehalten!

Zum Schluss ist der Großvater schon recht hinfällig geworden. Er hat fast nichts mehr gesehen. Uns Kindern hat er hin und wieder Geschichten erzählt. Geschichten von früher und was er sich halt so ausgedacht hat, Geistergeschichten und Räubergeschichten. Aber dann hat er das auch nicht mehr können. Er ist gestorben, als ich zehn Jahre alt war.

Der Vater und die Mutter

Unser Vater war recht streng. Das hat er auch sein müssen, damit im Haus eine Ruhe ist! Wir haben uns nicht viel rühren dürfen, wenn er Zeitung gelesen hat. Jede Woche hat er von seinem Bruder aus Graz eine Zeitung geschickt gekriegt, die Grazer Nachrichten. Und bevor er die nicht gelesen hat, haben wir uns in der Kuchl nicht rühren dürfen. Wenn es gegangen ist, waren wir eh immer viel draußen.

Aber der Vater hat viel für uns Kinder gezeichnet. Er hat Häuser auf ein stärkeres Papier gezeichnet, die haben wir ausschneiden können und an einem Falz zusammenpicken. So haben wir uns Puppenhäuser gebastelt, aber recht lang haben's eh nicht gehalten. Der Vater war sehr genau beim Zeichnen. Das ist sein Ding gewesen, das hat er gern für uns gemacht.

Hie und da hat er uns auch aus einem Holzscheitel einen Puppenkopf geschnitzt und ihn recht schön angemalen. Die Mutter hat dann daraus Puppen gemacht. Sie hat dem Holzscheitel ein Kitterl genäht und beim Hals zusammengebunden. Fertig war die Puppe!

Sonst war die Mutter zwar sehr fleißig, aber bei der Schneiderei war sie nicht recht auf der Höhe. Grad, dass sie ein Puppenkleiderl gemacht hat. Nähmaschine hat sie keine gehabt, die Mutter hat mit der Hand genäht, aber da hat sie auch nicht viel zusammengebracht! Hie und da grad so ein Rockerl oder ein Bluserl im Kimonoschnitt. Sie hat uns ein paar Bleamerl aufgezeichnet, die haben wir aufnähen müssen, dass es ein bissl was gleichschaut. Ich war schon zwölf oder dreizehn, da habe ich erst mein erstes Dirndlgwand gekriegt. Das hat aber eine Schneiderin genäht.

Aber dafür hat sie mit uns jeden Tag gesungen, vor allem am Abend, vor dem Schlafengehen. Wenn wir auch nicht viel gehabt haben, aber diese Unterhaltung haben wir uns gegönnt! Da sind wir in der Stuben zusammengesessen bei einem Kaffee, den hat die Mutter extra stark eingekocht, viel Milch dazu, und dann haben wir gesungen. Zwei Schwestern haben wirklich gut singen können und ich hab halt mitgesungen. Wenn ich zurückdenke, im Großen und Ganzen haben wir schon eine schöne Jugend gehabt.

Der spinnerte Baron

Der Vater hat als Salinenarbeiter nicht viel verdient, 45 Schilling in der Woche und einen Schilling Kinderbeihilfe pro Kind. Wir waren fünf Kinder, vier Mädchen und ein Bub, das waren 50 Schilling in der Woche. Da sind wir grad „umi" gekommen. Aber wenn man sich etwas kaufen hat wollen, hat man weiß Gott wie lang sparen müssen. Das war bei jeder Familie dasselbe, sparen, dass man keine Schulden zammgebracht hat.

Im Sommer haben wir zu zweit im Bett geschlafen, weil die gscheitere Stuben haben wir an Sommergäste vermietet, damit ein bissl eine Zugabe da war. Ganz oben, in der Mansarde, haben wir im Sommer immer einen Baron gehabt. Aber der war im Kopf nicht ganz richtig. Wir haben recht Angst gehabt vor ihm, obwohl er eigentlich nicht gefährlich war. Wir haben ihn grad immer den spinnerten Baron genannt. Wenn der seinen Tag gehabt hat, dann hat er geschrien, so richtig ausgerastet ist er da! Vom Fenster hat er dann alles hinuntergeschmissen, was er erwischt hat, aber wir haben eh nichts Gscheites gehabt. Nachher hat er's dann wieder zusammengesucht. Bei uns hat er nur Frühstück gekriegt, Kaffee und ein Semmerl, dann ist er zu seinem Bekannten gegangen, der war auch ein Graf. Bei dem war er halt immer. Der hat aber geschaut, dass er bei uns schlafen kann.

Der Baron hat sich halt auch eingebildet, dass er im Sommer im Salzkammergut sein muss. Der Adel ist immer größer geworden, immer mehr sind die geworden und ich stell' mir vor, solche haben sich halt auch zum Adel gerechnet. Unser Baron wollt' halt auch beim Adel sein. Er hat immer gesagt, er ist ein Baron und sein Bekannter ist ein Graf.

Die teure Medizin aus Ischl

Meine Schwester hat eine schwere Lungenentzündung gehabt, da war sie grad ein halbes Jahr alt. Es ist ihr immer schlechter gegangen und es ist schon zum Sterben gewesen. Dann hat der Arzt gesagt: „Es gibt da schon noch ein Mittel. Aber das gibt es nur in Bad Ischl in der Apotheke und das kostet viel." Da haben die Eltern gesagt: „Jetzt müssen wir schnell nach Ischl um die Medizin!" Wo sie das Geld hergenommen haben, weiß ich nicht. Sie sind zuerst mit dem Zug gefahren, dann mit dem Schiff und dann haben sie noch die Medizin kaufen müssen. Das war viel Geld, die Fahrt und die Medizin! Aber sie haben gesagt: „Wenn sie zum Retten ist, muss man das in Kauf nehmen."

Ich weiß nicht, was für eine Medizin das war, aber der Doktor hat's ihr eingegeben, dann hat er sie bei den Füßen genommen, mit dem Kopf nach unten gehalten und hat gesagt, sie sollen einen Krug mit kaltem Wasser bringen. Er hat sie so gehalten und mit dem Wasser übergossen. Geschrien hat sie viel und bei der Stund' ist sie wieder gesund geworden! Sie haben gesagt, wenn sie das aushaltet, das kalte Wasser und das Fieber, dann wird sie wieder gesund! Und so war es dann auch.

Die Schwester ist später immer gut beieinand gewesen, sie war sogar immer ein bissl ein Dickerl. Und „a lustiges Leut!". Als Kind hat sie schon immer viele lustige Sachen gemacht. Sie war halt unser Sonnenschein.

Unser Doktor

Wenn die Kinder krank waren, war der Salinenarzt da. Wir haben zum Zahnarzt gehen können, wir haben zum Doktor gehen können, wir haben nirgends zahlen müssen. Unser Doktor ist aber auch ins Haus gekomen. Wenn wir Husten gehabt haben, dann haben wir einen Hustensaft gekriegt, den haben wir so gern mögen. Die Schwester vom Doktor war Apothekerin, die hat das Wasserl selber gemacht, mit Anis, das war guat! So ein gutes Safterl, das haben wir gerne genommen. Aber der Doktor war schlau. Der hat das schon gekannt, wenn wir nur wegen dem Safterl gekommen sind. Dann hat er uns eine andere Medizin verschrieben, die nicht so gut war. Aber wenn man richtigen Husten gehabt hat, dann hat er das schon gewusst. Dann haben wir wieder das gute Safterl gekriegt.

Fast jedes Kind in Hallstatt hat einen Blähhals oder einen Kropf gehabt. Vielleicht ist das vom Salz gekommen oder war etwas in unserem Wasser drinnen? Aber direkt zum Operieren war es nie, der Kropf ist meistens von selbst wieder zurückgegangen. Der Doktor ist auch in die Schule gekommen und hat uns den Hals angeschaut. Wir haben dann so eine Creme gekriegt, Jodex hat sie geheißen. Ganz schwarz war sie und damit haben wir uns den Hals eingerieben. Da hat man ganz fest reiben müssen, sonst ist der Hals schwarz geblieben.

Manchmal ist der Hals halt dicker geworden, da hat man grad eine runde Kugel gekriegt. Dann hat der Arzt wieder eine Creme verschrieben, einmal eine leichtere, einmal eine stärkere, dann ist es wieder besser geworden.

Fleisch und Schmalz

Fleisch hat es bei uns höchstens am Sonntag gegeben. Da haben wir grad ein Rindfleisch gekocht, damit wir eine Rindsuppen haben. Nur der Vater hat in der Suppe ein gscheites Stück Fleisch gehabt, bei uns war nur ein ganz kleines Brockerl drinnen. Zur Suppe dazu haben wir Semmelknödel oder Grießknödel gekriegt, die Männer auch einen Salat. Im Winter haben wir alle Gemüse dazu bekommen, Kohl oder Kraut, was halt da war. Aber höchstens bis Weihnachten, weil dann ist alles gar worden. Wir haben keinen sehr großen Garten gehabt, es ist halt alles sehr beschränkt gewesen.

Nur ein Mal im Jahr hat es einen Schweinsbraten gegeben, zu Weihnachten. Das war das Höchste. Vor Weihnachten ist unser Schwein geschlachtet worden und deshalb haben wir frisches Fleisch gehabt.

Aber das Wichtigste beim Schlachten war das Schmalz. Alles Fett ist abgelöst worden, da hat man am Fleisch nicht viel drangelassen, und ausgelassen und zu Schmalz gemacht. Wir haben schauen müssen, dass recht viel Schmalz zusammenkommt, damit wir das restliche halbe Jahr immer Schmalz gehabt haben.

Wir haben jedes Jahr ein Schwein gefüttert, damit wir Schweinefett haben. Für das Saufutter haben wir Kinder im Juni um Gras und um Brennnessel gehen müssen. Das haben wir mit Wasser und ein bissl Kleie gekocht. Die Brennnessel haben's recht gern mögen. Aber du hast recht weit gehen müssen, bis du überhaupt welche gefunden hast. Die waren schon ganz selten, alle haben danach gesucht. Wir hätten die Brennnesseln fast ausgerottet.

Mitte Dezember ist dann ein Fleischhauer gekommen und hat das Schwein geschlachtet. Blutwurst haben wir selber gemacht, Leberwurst hat der Fleischer gemacht. Die „Darm" für die Würstl haben wir Kinder putzen und waschen müssen, das war keine gute Arbeit. Das haben wir in der Kälte beim See gemacht. Da sind dann die Fische gekommen und haben gierig um die Abfälle gekämpft.

Das Fleisch haben wir im Keller gesurt. Knoblauch war hauptsächlich in der Sur und Kümmel natürlich. Wir haben ein Brett auf das Fleisch gelegt und mit schweren Steinen beschwert. Das hat hinuntergedrückt, dann ist das Salzwasser hochgekommen, so hat es gepasst. Das Wasser hat immer über dem Brett stehen müssen.

Wir haben das Fleisch so lange wie möglich in der Sur gelassen. Im März, wenn die Sonne gekommen ist, dann haben wir erst geselcht. Der Rauchfangkehrer hat in den Kamin oben hinaufsteigen müssen und dort oben ist dann das Fleisch hineingehängt worden. Wir haben in der Kuchl und in der Stube fest heizen müssen, dass es immer warm hinaufgegangen ist, aber ein kleines Feuer, damit das Selchen nicht zu schnell geht.

Wenn Wasser über neun Steine rinnt

Unser Brunnen war so tief geschlagen, dass er bis zum Seewasser gekommen ist. Das Wasser vom Hallstätter See war sauber. Wir haben es zum Kochen und zum Trinken genommen. Die Leute, die neben dem Wald gewohnt haben, die haben sich das Trinkwasser vom Waldbach geholt. Durch das viele Gestein reinigt sich das Wasser ja von selbst. Man sagt, wenn das Wasser über neun Steine rinnt, ist es schon wieder rein.

Beim Wäschewaschen haben wir zuerst das Wasser vom See ins Haus geholt. Dann haben wir daheim gebürstet und gerumpelt, wie das so ist, und wenn wir fertig waren, dann haben wir die Wäsche zum Schwemmen wieder zum See

hinuntergetragen. Dort war ein Steg, eine Brücke, da haben wir uns hingekniet und geschwemmt.

Das Brotkugerl

Ich bin bei den geistlichen Schwestern in die Schule gegangen, von der Erzherzogin Sophie oder war es die Valerie? Jedenfalls waren es vier oder fünf Schwestern, die haben im Kloster eine Schule und einen Kindergarten gehabt. Zur Selbstversorgung waren zwei Kühe da und ein großer Gemüse- und Obstgarten. Da haben wir jeden Tag auf dem Weg in die Schule geschaut, ob nicht ein Apfel reif ist oder eine Birn'. Die haben wir dann gleich als Jause mitgenommen. Von zu Hause haben wir nur trockenes Brot gekriegt. Nix drauf. Aber Brot und Apfel, das war recht gut. Das hat uns geschmeckt!

Die Kinder, wo der Vater Salinenmeister war, die haben hie und da einen schwarzen Wecken mitgehabt. Bei so einem Wecken waren immer zwei runde Kugerln dran. Eines vorn, eines hinten. Und jeden Tag hat ein anderes Mädchen so ein Brotkugerl gekriegt. In der Pause hat man das, wie ein Zuckerl, lang lutschen können, so lange, bis es im Mund zergangen ist. So einen guten Geschmack hat das gehabt! Die anderen haben gut aufgepasst, dass ja nicht eine zwei Mal hintereinander drankommt.

Zu Mittag, um 11 Uhr, sind wir schnell zum Essen heimgegangen. Weil, die Salinenarbeiter haben schon um 11 Mittagszeit gehabt. In der Mittagspause hat dann eine von uns abwaschen müssen, eine abtrocknen, eine Geschirr wegräumen und eine Holz hereintragen. Im Winter haben wir auch den Ofen schön angefüllt, dann um halb eins hat wieder die Schule angefangen. Bis dreiviertel vier, vier hat der Unterricht noch gedauert, je nachdem welche Stunden wir gehabt haben.

Die reiche Tante

Wir haben das Glück gehabt, dass eine Schwester vom Vater in Innsbruck mit einem Arzt verheiratet war. Die Tochter war grad um zwei Jahre älter als ich und so ist alle Jahr vor Weihnachten ein Packerl gekommen. Ein großes Packerl! Wir haben immer schon hart darauf gewartet. Am Heiligen Abend hat es uns die Mutter erst gegeben und jeder hat nehmen dürfen, was ihm passt. Die Tante hat uns hauptsächlich Dirndlgwand auf tirolerische Art geschickt. Uns hat es aber gefallen und wir haben es gerne getragen.

Eines Tages haben wir gewartet und gewartet auf das Packerl und es kommt nicht. Es kommt der Heilige Abend, kein Packerl da. Die Mutter war schon ganz verzagt. Jetzt hat sie halt schnell für einen jeden ein Paar Strümpf gekauft, die hätten wir sowieso gebraucht, und eine Orange dazu. Das war dann unser Weihnachtsgeschenk.

Schon früher einmal hat der Vater ihr nach Innsbruck geschrieben, ob sie mich nicht als Dienstmädchen nehmen würde. Da hat sie geschrieben, so gern sie mich nehmen würde, aber es geht nicht, da wäre die Hölle los. Denn sie war bei ihrer Schwiegermutter auch als Dienstmädchen angestellt gewesen und dann hat der Sohn, der Arzt, sie geheiratet. Das war das Schrecklichste für die alte Frau. Sie ist nie gut gewesen mit ihrer Schwiegermutter.

Ein paar Jahre später war mein Onkel in Innsbruck auf einem Turnerfest. Da hat er gedacht, ich besuch' meine Schwester und schau einmal, was los ist! Er hat angeläutet, es kommt eine Frau heraus, er sagt, wer er ist und dass er die Frau Doktor sprechen möchte. „Das bin ich", hat sie gesagt. „Nein", hat er gesagt, „das gibt's nicht, weil, das ist meine Schwester." Aber die Tante war geschieden und hat sich das nicht sagen getraut. So gschamt hat sie sich! Ihr Mann hat eine Neue gefunden, auch eine Ärztin.

Die Tante ist mit ihrer Tochter nach Südtirol gegangen. Der jüngste Bruder vom Vater hat sie dort gefunden. Aber zu der Zeit hat die Tochter nicht mehr gelebt. Die Tante hat gesagt, sie ist verunglückt, aber er hat herausgefunden, das sie damals, wie in Südtirol die kritische Zeit war und sie bald da, bald dort gesprengt haben, zugrund gegangen ist.

Die Trüffelweiber

Gleich hinter unserem Haus hat der Wald angefangen. Dort oben, am Waldrand, waren die Ahnlbänke. Und im Herbst, wenn dann schon die Sonne nicht mehr über den Berg drüber können hat, dann sind die alten Weiber da schnell hinaufgegangen, weil dort oben war noch ein bissl Sonne.

Von Mitte November weg war es bei uns schattig und finster bis zum 10., 11. März. Dann haben wir wieder Sonne gekriegt. Wir haben auch im Winter am Vormittag ein Lichtl gehabt, aber erst im März kann die Sonne wieder über den Berg drüber, dass sie den ganzen Tag scheint. Im Winter siehst du bei uns wochenlang keine Sonne.

Im Herbst war es dort oben im Wald einfach wärmer, weil sich da die Wärme besser gehalten hat. Da sind dann die Frauen gekommen, vom Echerntal, vom Hollberg, von überall her. Eigentlich sind die Weiber wegen dem Tratschen gekommen, nicht wegen der Sonn'. Das war halt so ein Sammelpunkt. Trüffelweiber haben's sie allweil genannt, weil die immer so viel gewusst haben. Über den und über die und über alles Mögliche.

Familie Rießner

vulgo Zeiner aus Mössna, St. Nicolai in der Sölk

Es erzählen: Katharina Pürstl, geb. 1909, ihre Tochter Ella Rießner, geb. 1932, deren Mann Ferdinand Rießner, geb. 1931. Wenn nicht anders gekennzeichnet, erzählt Ferdinand Rießner.

Hungrig schlafen gehen

Ich habe den Ersten Weltkrieg noch erlebt. Wir haben ein kleines Gasthaus gehabt und eine kleine Landwirtschaft, da ist es schon vorgekommen, dass kein Mehl mehr im Haus war. Die Mirzl, meine ältere Schwester, ist dann hinausgeschickt worden zum Kaufhaus, Mehl holen. Sie musste in die nächste Ortschaft, nach Fleiß, gehen, das waren eineinhalb Stunden zu Fuß hinaus und genauso lange wieder zurück. Ich kann mich noch erinnern, wie wir voll Hunger auf sie in der Stube gewartet haben. Und dann ist sie hereingekommen und hat nichts mitgebracht! Kein Mehl! Es war keines mehr da, der Kaufmann hat keines mehr gehabt. Na ja, dort draußen haben ja auch recht viele Leute gewohnt, die haben das ganze Mehl selber gebraucht. So haben wir nichts zu essen gehabt und sind hungrig schlafen gegangen.

Im Alter von 5, 6 Jahren haben wir schon müssen arbeiten, Holz schlichten und so. Wenn wir sehr hungrig waren, sind wir in ein Haus gegangen, wo sie ein wenig mehr gehabt haben als wir. Wir haben gesagt: „Bittschön!" und haben die Hände gefaltet. Dann haben wir die Hand zum Mund geführt und gezeigt, dass wir Hunger haben. Die haben uns halt was gegeben, meistens ein Stückerl vom Brotlaib. Gott sei Dank haben wir selber Kühe gehabt, so haben wir wenigstens Milch gehabt. Milch und Erdäpfel, das war da. Wenn wir ein Mehl gehabt haben, dann hat die Mutter Brot gebacken und dann hat jeder eines gekriegt, der Hunger gehabt hat. Wenn wer gekommen ist und hungrig war, hat sie sich erbarmt. Geld hat freilich niemand viel gehabt und wir haben auch nicht viel gehabt.

Gespielt? Was hab' ich gespielt? Im Winter sind wir Schlittl fahren gewesen. Ein Schlittl haben wir gehabt, das ja. Aber es hat sich halt oft wenig gerührt, das Schlittl! Es war so ein hölzernes Böckl, gegangen ist es überhaupt nicht. Da

Familie Rießner

sind wir Geschwister oft zu zweit und zu dritt drauf gesessen und haben drum gerauft. Weil, jeder wollte das Schlittl haben!

Katharina Pürstl

13 Kinder

Wir waren 13 Kinder daheim, das war schon eine besonders hohe Kinderzahl. So große Familien hat es nicht viele gegeben. Eine Schwester ist mit fünf Jahren verunglückt, das war 1942. Sie ist in einen Heißwasserbottich gefallen und hat sich verbrannt. Das heiße Wasser wäre für das Saufutter gerichtet gewesen und es hat halt da keiner aufgepasst. Ein Bruder ist später noch ums Leben gekommen, mit 23 Jahren. Er ist in einen Bach gefallen.

Vater und Mutter sind 1930 aus dem Murtal in die Sölk herübergesiedelt. Dreißig Kilometer, alles zu Fuß, mit zwei kleinen Kindern. Eines ist schon selbst gegangen, eines haben sie tragen müssen. Sie sind hergezogen, weil der Vater hier eine gute Anstellung als Almbetreuer bekommen hat. Das war damals schon was, 500 Schilling im Sommer und 80 im Winter, dazu ein Deputat von drei Kühen und einem Ochsen. Mit dem Vieh ist er über den Sölkpass herübergewandert. Da ist plötzlich ein Sturm aufgekommen und ein Schneegestöber. Sie haben den rettenden Trempel, den Stall in Kaltenbach, nicht mehr rechtzeitig erreicht und zwei Kühe sind erfroren. Das war am 1. Mai 1930.

Er hat dann noch drei Halter angestellt, die hat er natürlich entlohnen müssen, es hat nicht lang gedauert und das Malheur war fertig. Wir sind armselig aufgewachsen, mein Vater hat das nicht mehr geschafft in seinem Alter. Er ist 1892 geboren und war sechs Jahre in russischer Gefangenschaft im Ersten Weltkrieg. Was der hinter sich hat, das ist ein Wahnsinn! Und nachher die Großfamilie, das ist ja auch nicht das Wahre. Aber wir haben keine schlechte Kindheit gehabt. Wir haben arbeiten müssen, aber wir haben nie Hunger gelitten.

Erziehung hat es keine gegeben. Du bist halt aufgewachsen, da ist nicht viel geredet worden von der Erziehung. Die Eltern waren gläubige Leute, da haben wir natürlich in die Kirche gehen müssen. Wenn man etwas angestellt hat, ist man gestraft worden. Zuständig war der Vater, der hat uns dann durchgehaut mit dem Hosenriemen. Die Mutter hat uns auch gestraft. Sie hat immer gesagt, wenn ein Kind etwas anstellt, ist sie einem jedem dankbar, der das Kind straft. Das war ihre Einstellung.

Der Vater war eine Respektsperson, er hat schon Autorität gehabt. „Es", also „Sie" haben wir sagen müssen zu Mutter und zu Vater. Nach einer Zeitlang hat sich das aber aufgehört, dann haben wir „Du" gesagt.

Wenn wir von der Schule heimgekommen sind, dann ist es zum Arbeiten gewesen. Aufgabe machen und Lernen war nicht so heikel, da hat niemand darauf geschaut. Eines ist gescheit gewesen, eines weniger gscheit. Die einen haben besser gelernt, die anderen schlechter. So war das.

Die „Heiel"

Die Geburten waren lauter Hausgeburten. Die Mutter hat immer bis zum Schluss gearbeitet, da hat es keine Schonzeit gegeben, sicher nicht. Wenn es dann so weit war, ist die Hebamme gekommen und hat ihres Amtes gewaltet. Alltäglich war das zwar nicht, aber alljährlich schon, wenn man so sagen will. Beim Nachbarn ist kein Kind gekommen, bei uns waren es 13. Da hat es im Faschingsbrief geheißen: „Und wie sich die zwei Leut' bemühn, weil sie halt keine Kinder kriegn, der Storch, der kommt vom Knall herab, der Zeiner fangt ihn ab!"

Die Hebamme ist zum Taufen nach Nicolai gegangen und wieder heim. Später ist unsere Mutter, die Zainerin, selbst so eine Art Haushebamme geworden. Sie ist oft zu Geburten in der Nachbarschaft gerufen worden.

Das Kind ist oben gewesen im Zimmer bei der Mutter. Es ist in der Wiege gelegen, in der „Heiel", da war so ein Gürtel dran, an dem hat die Mutter gezogen, wenn das Kind in der Nacht nicht geschlafen hat. Mit dem Riemen hat sie die Wiege zum Schaukeln gebracht. Die Mutter ist im Bett liegen geblieben und wenn das Kleine keine Ruhe gegeben hat, hat sie einfach hinausgelangt und am Gürtel gezogen.

Wenn das Kind geboren war, ist aber schnell wieder der Alltag eingekehrt. Da ist halt ein Kind geworden beim Zeiner und aus. Die kleinen Kinder, die sind im ganzen Haus herumgekrochen. Wenn die Kinder einmal kriechen, dann gehen sie lange nicht, heißt es. Die haben ein eigenes Fortbewegungssystem gehabt, die sind auf allen Vieren gegangen oder haben sich mit dem Arsch fortbewegt, das war ganz verschieden, aber sie sind weiter gekommen. Da hat sich auch keiner gekümmert, ob es so passt oder ob es nicht passt.

Die Kinder sind fest eingefatscht worden

Die Kinder sind gefatscht worden, das kann man sich heute überhaupt nicht mehr vorstellen, die haben sich gar nicht rühren können. Ich glaube, bis sie ein halbes Jahr alt waren, so lange sind sie gefatscht worden. Der Körper ist ja weich, wenn das Kind auf die Welt kommt, und damit die Knochen und alles schön wächst, sind die Kinder gefatscht worden. Wenn man ein Neugeborenes aufhebt, dann hängt es so her, und dass die Haltung nicht irgendwie fehlgebildet wird, deswegen sind sie bis zu den Achseln gefatscht worden. Wenn man so ein Kind gehalten hat, war es fest wie ein Strutzen, ganz stabil. Das Kind ist fast gestanden, wenn man es gehalten hat.

Wenn die Mutter das Kind in der Früh aufgehoben hat, hat sie es zuerst zur Brust genommen. Dann hat sie es gewaschen und eine Windel hineingetan. Die Kinder haben Stoffwindeln gehabt, aber oft waren das Fetzen, die halt so übriggeblieben sind, alte Hemden, alte Leintücher. Dann sind sie gefatscht worden und wieder hingelegt und erst, wenn sie nass waren, wiederum gewickelt und gefatscht.

Familie Rießner

Zuerst haben die Kinder in der Wiege geschlafen und wenn sie größer waren in den Elternbetten. Gewöhnlich war eins in der „Heiel", eins im Gitterbett und eins zwischen den Eltern drin. Bis sie drei, vier Jahre alt waren, haben sie bei den Eltern geschlafen, dann erst haben sie in die Kammer müssen.

Heute ist das so, wenn die Kinder vielleicht ein Jahr sind, werden sie schon extra in ein Zimmer gegeben. Aber da ist dann die Wärme weg, die Mutterwärme! Und die Kinder brauchen doch so viel Wärme. Dass man sie „zuwidruckt", das geht den Kindern heute ab. Früher hat man die Kinder bei den Eltern liegen lassen. Heute kommen die Kinder geschwind auf d' Seiten, die haben einen Raum, einen Babysitter und die Eltern haben ihre Ruhe.

Ella Rießner

In der Früh' ein Muas, auf d' Nacht eine Suppe

Es hat nicht lang gedauert, dann haben die Kinder in der Früh schon selbst aufstehen müssen. Auch selbst anziehen, da hat es keine Umstände gegeben. Und wenn sie umgedreht alles angelegt haben, ist's auch wurscht gewesen. In der Früh hat es Mus gegeben oder einen Polenta, dazu Milch. „A guats Muas mocht an storkn Fuaß!" hat es bei uns geheißen. Jeder von uns hat ein Schüsserl Milch gehabt, so war es der Brauch, jeder hat getrennt daraus getrunken. Hingegen auf d' Nacht, mit der Milchsuppen oder der Brockensuppen, haben wir alle aus einer Schüssel gegessen.

In der Schule haben wir keine Jause mitgehabt, höchstens Äpfel. Zu Mittag hat es meistens Knödel und Fleisch gegeben. Grünes Fleisch hat es selten gegeben, vor allem Selchfleisch, weil es haltbar war. Das haben wir Kinder nicht so gern gehabt. Wenn es uns nicht geschmeckt hat, hat die Mama gesagt: „Nix? Bitt' dich gar schön wenn'st gehen willst!" Und dann hat es nichts mehr gegeben bis zum Abend. Wenn wir den Brotlaib erwischt haben, haben wir ein bissl was gehabt, aber sonst war der Hunger auf d' Nacht schon groß.

Am Abend hat es oft Brockensuppe gegeben, da ist Brot dünn aufgeschnitten worden und in eine große Schüssel gekommen. Dann ist Milch darauf geschüttet worden und wir haben alle aus einer Schüssel gegessen. Kannst dir eh vorstellen, wenn 14, 15 Leute um einen Tisch sitzen, da wird die Schüssel schon sauber.

Bei uns hat es meistens eine Schmalzkost gegeben. Durch die Alm haben wir ja viel Schmalz gehabt. Da ist die Butter ausgelassen worden und so ist das Rindsschmalz oder Butterschmalz entstanden.

Auf der Alm haben wir als Kinder Selbstbedienung gehabt. Wir haben einfach den Rahm ausgetrunken und der Vater hat geschimpft. Weil, dann war zum Butterrühren kein Rahm mehr da, wenn die Buben alles aussaufen! Der Vater hat gemeint: „Das sind gar Teufeln, wenn die gute Milch zu schlecht ist!" Ich habe einmal einen Liter Rahm ex getrunken. Dann ist natürlich weniger zum Rühren gewesen und wir haben uns daheim ein wenig belehren lassen müssen. Am besten ist der Rahm gewesen, wenn er am Abend abgetrieben worden ist, in der Früh war er dann gut zum Trinken.

Daheim hat die Mama Rahmkoch gemacht, das gebackene Rahmkoch, das war etwas ganz Gutes! Unsere Kost war sauer, süß, viel und „foast", also fett. Wir haben eine kräftige Arbeit gehabt, da brauchst so eine Kost, sonst haltest das eh nicht aus.

Dienstbotenwürste und Kachelstubenwürste

Die Mutter war sowieso eine besondere Köchin! Die hat ja aus Nichts was Gutes gemacht. Die Würstln, die sie gemacht hat, die kann niemand mehr machen, auch meine Schwester nicht. Wenn die Mutter Würstln gemacht hat, dann hat das ganze Haus gut gerochen. Wenn mein Schwiegervater bei uns auf der Stör war, er war Störschuster, dann hat er jedes Mal eine Freude gehabt, wenn das ganze Haus nach den Würstln geschmeckt hat. Aber die Würstln gibt's nicht mehr, auch die Würze dafür nicht, alles ist verschwunden. Diese besonderen Hauswürstln haben Dienstbotenwürste und Kachelstubenwürste geheißen, warum weiß ich auch nicht. Die Kachelstubenwürst' werden früher vielleicht die besseren Leute gegessen haben.

Eigentlich hat der Vater die Würstl gemacht, die Mutter aber hat sie gewürzt. Die Dienstbotenwürst' waren aus gesottenem Fleisch, weil der Saukopf ist ja gekocht worden. Das waren die leichteren Würstl, nicht so gut wie die anderen. Die Kachelstubenwürst' waren vom Rohfleisch, das sind natürlich die besseren gewesen. Bratwürstl waren das, die waren so gut, das gibt's heute gar nicht mehr! Die Würze war kein Geheimrezept, aber wir haben nie danach gefragt und auf einmal sind wir draufgekommen, dass wir das gar nicht mehr können. Ich ver-

Familie Rießner

mute ja, dass die Mutter Neugewürz hineingetan hat! Das wird der besondere Geschmack gewesen sein.

Von diesen Würstln hat's die berühmten Wurstknödeln gegeben. Die waren besonders gut! Die hat es in zwei Varianten gegeben: ohne Suppe und mit Suppe. Als ersten Gang haben wir den Knödel nur so gegessen und nachher noch einen Knödel mit Suppe. Das war ein Mittagessen! Ja die Kost war bei uns gut. Ah, wie die Mama gekocht hat! Sie war die Seele des Hauses und darüber hinaus.

Die Freiheit beim Spielen

Zum Spielen haben wir herumlaufen können, wie wir wollen. Wir sind in den Wald hinaufgesprungen und zum Bach gegangen, die Freiheit beim Spielen haben wir uns selber gesucht! Wenn wir bei der Arbeit einmal ausgekommen sind, waren wir schon beim Teufel. Wenn's nicht gelungen ist, sind wir eh wieder fest geschimpft worden, weil meistens haben wir arbeiten müssen.

Zum Spielen haben wir Fichtenzapfen gehabt, das waren die Kühe. Die Ochsen haben wir selbst gebastelt. Die haben wir hergestellt aus Ästen, da waren

Zacken dran, wir haben gesagt „Zurken", das waren oben die Hörner und unten die Füße. Das war naturbelassen, das war unser Spielzeug.

Gespielt haben wir überhaupt ganz einfach. Wir haben beim Bach Brücken gebaut und dann haben wir Wasser zugeleitet. Wenn es die Brücken nicht weggerissen hat, dann war das halt eine Sensation.

Am Mühlbachl sind fünf Mühlen gestanden. Das war so ein kleines Bacherl und die Fische sind dem Wasser nachgegangen. Wir Lausbuben haben das Wasser abgedreht, uns war das ja wurscht, und haben die Fische herausgefangen. Wir haben einfach einen Korb in den Bach gehängt und haben die Fische so abfangen können.

Einmal haben wir, mein Bruder und ich, halt wieder gefischt, da kommt der Jäger daher und erwischt uns. Der Jäger ist zum Vater gegangen und hat gesagt, er soll uns Buben eine Watschn geben. Unser Vater aber hat gemeint, das tut er nicht, das zahlt sich nicht aus. Das sind so Bubenstückeln, das ist allweil so gewesen und wegen dem haut er seine Kinder nicht. Er ist zwar streng gewesen, aber wegen so etwas hat er uns nicht gestraft!

So, jetzt haben wir hinauf müssen zum Verwalter, denn die Herrschaft war zuständig für den Bach. Der Verwalter, das war so ein Scharfer, der hat sich halt mächtig gefühlt, dass er uns da strafen soll. Ist aber nicht viel gegangen. Er hätt' uns eine runterhauen wollen, aber er hat uns nicht erwischt. Ist ja eh klar, ein Bub ist ein Luder und weiß sich allweil zu helfen.

Die zwei waren nicht einmal so gescheit, dass sie uns die Fische abgenommen hätten! Nachher sind wir heimgegangen, haben die Fenster verhängt und die Fische gebacken. Das haben wir selber gemacht, das haben wir als Buben schon gekonnt. Ausnehmen, ein bissl Mehl, ein wenig salzen, hinein ins Schmalz. Passt schon. Da war ich 10, 11 Jahr.

Die Heubudn

Unser Bergheu, das war extrem. Drei Mal hat man den Weg mit dem schweren Heu am Kopf gehen müssen. Das war eine eigene Wissenschaft, der Transport von dem Bergheu. Man hat aus dem Heu zuerst Budn gemacht, die waren so an die 40 Kilo schwer, die hat man dann auf dem Kopf herausgetragen. Wichtig war, dass ein Loch in den Heubudn war, damit man sie auf den Kopf und die Schultern hat aufsetzen können. Wenn man es richtig gemacht hat, dann hat sich das ja leicht getragen. Aber es hat passen müssen, dass die Budn auf den Achseln aufgesessen sind. Da hat es schon Künstler gegeben, die das perfekt gemacht haben. Ich habe von Kindheit an einen schlechten Fuß gehabt, darum habe ich die Budn nicht tragen können.

Einmal habe ich mit meinem Vater Heu gearbeitet. Er hat die Budn hinuntergetragen, es ist dort sehr steil bergabgegangen und ich bin mit den nackerten Knie in den Budn gehupft. Denn das Heu muss fest sein, damit die Budn schön fest wird. Ich bin also Budn gehupft und nachher hat der Vater die Budn am Kopf hinübergetragen. Auf einmal hängt da etwas bei seinem Kopf und er denkt: „Ah, eine Distel!" und er hat sie so mit der Hand weggeworfen. Jetzt hat er gesehen, dass das eine Schlange gewesen ist, eine giftige! Die Schlange war in dem Heu, wo ich Budn gehupft bin mit den nackerten Füß! Er hat zu mir dann gesagt: „Ich hätte die Budn fast hinuntergeschmissen in den Graben, so erschrocken war ich!"

Die Sommerbudn hat man auf dem Kopf getragen, die Winterbudn, die haben schon 70, 80 Kilo gewogen, hat man ziehen müssen. Sechs Budn auf einmal für einen Mann, drei für die Mädchen. Was die Menschen geleistet haben, das kann man sich gar nicht vorstellen.

Die Budn sind zusammengebunden worden zu einem Zug und die Zieher sind vorne gestanden. Mit dem Heuziehstecken hat man ein wenig gebremst. Den hat man so zwischen die Füß genommen, damit es nicht so wild hinuntergeht. Und dann ist man halt fortgerutscht. Wenn es eisig gewesen ist, habe ich mich immer sehr gefürchtet! Einmal war es sehr steil und sehr rutschig. Mein Vater war schon hinter mir mit sechs Budn und ich hab' mich nicht fahren getraut. Meine Schwester hat gesagt: „Fahr weiter! Fahr weiter!" Aber ich habe mich vor dem steilen Weg gefürchtet. Da hat meine Schwester einen Zorn gekriegt und hat mich von hinten angeschoben. Da hat es mich hinausgewichst über die Eisplatte und schon bin ich unten gewesen. „Siehst", hat meine Schwester gesagt, „wie schnell das gegangen ist!" Ich hab' gar keine Zeit mehr gehabt, mich zu fürchten.

Ella Rießner

Brotbacken mit 11 Jahren

Einmal, meine älteren Schwestern waren 11, 12 Jahre alt, ist die Mutter krank geworden und die Gela und die Martha haben müssen Brot backen. Das ist

Schwerarbeit und die Dirndln haben gar nicht gewusst, wie sie den Laib in den Ofen hineinbringen. Die haben keine Kraft gehabt. Die Schaufel hat man nämlich langsam in den Ofen hineinschieben müssen. Dafür muss man schon Kraft haben, denn zuerst muss sie ein wenig hineingetragen werden und erst zuletzt kann man sie am Boden ablegen. Dann macht man einen kleinen Schupfer, sodass der Laib von der Schaufel herunterrutscht. Das war so eine gewisse Technik, die haben sie mit dem Alter halt noch nicht können. Aber irgendwie ist es ihnen dann wohl doch gelungen.

Auch das Einheizen war heikel. Es haben nur gewisse Ofenscheiter sein dürfen, „Bachscheiter". Die heißen so, weil sie nur zum „bachen", zum Backen verwendet worden sind. Das war besonders schönes, trockenes Fichtenholz, das extra gelagert worden ist. Die Scheitel waren lang, circa 80 Zentimeter, und es wurden genau 18 Scheiter verwendet. Es musste ja eine ganz gewisse Hitze entstehen, das hat alles seinen Sinn gehabt. Wenn das Holz abgebrannt war, ist die Glut weggekommen, das war Gefühlssache. Das hat die Mutter genau gewusst: „Ah, jetzt müssen wir die Glut wegtun!" Die Glut hat man dann zum Rand geschoben und die Brotlaibe hinein.

Mein Vater war in Russland in einer Bäckerei, er hat auch backen können. Aber wenn die Mutter krank war, haben es die Dirndln tun müssen.

Der „ge'nde" Strudel

Wenn die Krampuszeit gekommen ist, dann haben wir uns schon vorher gefürchtet! Und wenn es dann beim Nachbarn oben, beim Schweiger, schon „umkramperlt" hat, wenn man die Ketten gehört hat, dann sind wir immer schnell der Mama nachgegangen, hinaus zu den Schweinen, in den Stall.

„Was tust denn da alles bei den Schweindln?", haben wir gefragt. Wenn wir uns auch sonst nicht um das Futter gekümmert haben, aber an dem Tag waren wir bei der Kittelfalte dabei, weil wir uns so gefürchtet haben vor dem Krampus. Dann hat sie allweil gesagt: „Jetzt müssen wir schnell schauen, ob der ge'nde Strudel schon fertig ist!" Ein „gehender Strudel" ist ein Germteigstrudel mit Äpfelfülle. Den hat es nur zum Krampus gegeben, sonst nie, das war so der Brauch.

Ella Rießner

Familie Rießner

Der Krampus mit dem Buckelkorb

Der Nikolaus und der Krampus sind am 5. Dezember von Haus zu Haus gegangen. Irgendein Bursch hat sich als Nikolaus angezogen, das war der Brave. Wenn die gekommen sind, war es laut vor dem Haus und wir Kinder haben uns schon gefürchtet. Auch wenn wir gewusst haben, dass das mit dem Krampus nicht stimmt, die Angst war doch vorhanden!

Wenn die in die Stuben gekommen sind, sind wir alle schon beim Tisch gesessen, es waren ja viele bei uns. „Sind die Kinder brav?", hat der Nikolaus gefragt und wir sind ganz geschockt dagesessen beim Tisch. Es ist ja allgemein bekannt gewesen, wenn die Kinder schlimm waren, werden sie mitgenommen. Und ein Krampus hat immer einen Buckelkorb gehabt, der war hoch und groß, da haben oben ein paar Kinderschuhe rausgeschaut, grad so, als ob er ein Kind hineingesteckt hätte. Das war schon ein älterer Mann, der ist auch mitgegangen und hat in seinem Buckelkorb oben ein paar Schuhe montiert. Die Kinder haben halt gefürchtet, dass sie mitgehen müssen, weil das eine hat er ja schon eingepackt!

Der Bischof hat uns dann aufgefordert zum Beten und dann ist halt meistens gebetet worden. Ich habe mir beim Beten gedacht, das passt nicht, wenn man betet und der Teufel ist dabei, der Krampus nicht wahr. Schon als Kind ist mir das ein wenig spanisch vorgekommen, dass man da den Teufel anbeten muss, wenn er sonst beim Beten beim Teufel ist.

Der Bischof hat dann aus seinem Sackerl ein wenig ausgeteilt und am Tisch ein bissl was umadum gestreut, Nüsse, Zuckerl und ein paar Kekse. Dann sind die Kramperln noch ein wenig herumgehupft und wenn einer schlimm war, haben sie ihn halt aus dem Zimmer hinausgezogen. Ich weiß noch, einen haben sie in die Totenkammer gesperrt. Da draußen war früher eine Totenkammer, dort haben die Kramperln den Buben eingesperrt. Jetzt hat der die Tür zusammengehaut, damit er hinauskann! Ich weiß noch, die Tür ist lang hin gewesen und ist auch nicht mehr repariert worden.

Wenn der Krampus verschwunden ist, haben wir Kinder am Abend die Schuhe auf der langen Bank in der Stube aufgestellt, schön der Reihe nach. In der Früh, wenn wir aufgestanden sind, war dann schon die Bescherung drinnen. Da hat jedes ein wenig gekriegt, Äpfel, Nüsse, ein paar Keks, vielleicht ein paar Zuckerln. Wir haben uns gefreut, wir waren bescheiden. Und da haben mir die Schwestern, die Luadern, einmal Goaßperln eingefüllt. Und ich habe geglaubt, ich habe eh noch ein Packerl Zuckerln im Schuh und hab hergegeben und hab ausgeteilt. Dabei sind nur noch Goaßperln drin gewesen! Das war so, das weiß ich noch gut.

Wir sind später auch von Haus zu Haus gegangen, früher hat es die Sauferei ja überhaupt nicht gegeben! Ich bin auch ein paar Mal als Krampus mitgegangen. Angehabt habe ich einen schiachen Fetzen und ein Larve. Da hat man einen Bettvorleger genommen oder sich ein Schaffell umgebunden, dazu noch eine Rute, eine Kette und eine Glocke zum Scheppern.

Erzählen und Spinnen

Im Winter sind wir am Abend zusammengesessen und haben gesungen und alles Mögliche erzählt. Die Weiberleut haben spinnen müssen, das Spinnen hat angefangen im Advent und ist bis in den März hinein gegangen. Schöne Lieder haben wir gesungen, „Schöne Schwoagrin, steh auf!", „Wenn i aussi geh übern Hüttenanger". Der Vater und die Mutter waren gute Sänger, wir waren schon eine frohe Familie.

Wenn dann noch die Murtaler Verwandtschaft gekommen ist, dann ist es umgegangen! Dann ist das ganze Murtal überklaubt worden: „Wie ist es dort, wie ist es da?" Wenn etwas erzählt wurde, das wir Kinder nicht hören dürfen, dann hat es geheißen: „Schindel am Dach!" Dann sind wir ausgejagt worden und haben liegen gehen müssen. „Schindel am Dach!" hat geheißen „Verschwindts!". „Für Kinder nicht geeignet!" Dann haben wir gehen müssen.

Vor allem Wilderergeschichten sind erzählt worden, das hat auch uns Kinder interessiert, sonst würde ich die Geschichten ja heute nicht mehr wissen.

Am 27. August haben Wilderer einen Jäger erschossen in der Schwarza drin. Ein paar Jahre vorher ist schon sein Vater von Wilderern umgebracht worden, erstochen. Vater und Sohn, erschossen und erstochen, das ist eine Tatsache. Solche Sachen haben sie erzählt. Wir Kinder sind neugierig gewesen, wir haben uns nicht gefürchtet, wenn so etwas erzählt worden ist.

Am 16. November 1928 ist wieder ein Wilderer erschossen worden. Das weiß ich genau, weil mein Onkel hat gesagt, bei den drei großen weißen Steinen, von der Seifriedalm hinüber, ist es passiert. Da, wo er gelegen ist, hat der Onkel ein Steinhäufel zusammengetan und ich war dort! Ich bin schauen gegangen und ich hab's noch gefunden, das Steinhäufel, da war ich so 23, 24 Jahre alt.

Familie Rießner

Und dann gibt's noch einen legendären Wilderer, s'Funkl Irgei. Du musst dir vorstellen, den haben drei Jäger zu einem Felsen hingetrieben, der heißt heute noch Irgeiwand. Sie haben geglaubt, sie haben ihn, aber er ist abgesprungen, hat den Hut verloren und ist hinausgehinkt. Dann ist er heimgesprungen, hat Korn geholt und ist damit zu einer Mühle gefahren. Unterwegs hat er mit seinem Wagen einen Kraxenträger mitgenommen. Er hat den gefragt, ob seine Uhr wohl stimmt. Ich nehme an, er hat das nur gefragt, damit der Kraxenträger später angeben kann, um die und die Zeit ist das Irgei zur Mühle gefahren. Er hat halt ein Alibi gebraucht.

Sie haben ihn trotzdem verhaftet und haben ihn nach Leoben gebracht. Dort hat ihn der Richter gefragt, wie weit es heraus ist, von den Pflegerwänden. „Gengans eini, hupfens oba, laufens aussa, oft wissens genau, wie weit dass es ist!" Das hat s'Irgei gesagt. Tatsache. Den Hut haben sie ihm auch aufgesetzt. Den hat er bei der Flucht verloren und die Jäger haben ihn gefunden. Der hat ihm sogar gepasst. Sagt er: „Der muss mir passen, wenn ihr mir den so oft aufsetzt!"

Und bei der Gollihütten drinnen haben ihn die Jäger gesehen, wie er eine Gams abhäutet. Sie haben genau gesehen, wie er die Decke schlagt, aber wie sie kurz darauf näher kommen, hat er eine Geiß gehabt. Sie wissen bis heute nicht, wie das zugegangen ist, und verurteilen haben sie ihn auch nie können.

Unser Nachbar, der war Seifriedjäger, der hat dem Irgei den Finger abgebissen. Hat s'Irgei gesagt: „Warum hast du mir den Finger abgebissen?" Sagt er: „Was hat denn der in meiner Goschn drin zu tun?" Mein Vater hat gesagt, im Klingengrad drinnen, da soll es gewesen sein. S'Irgei war schon ein 65 Jahre altes Mandel und unser Nachbar war ein stattlicher Mann. Sie werden halt ein wenig gerauft haben. Jedenfalls hat s'Irgei ein ärztliches Zeugnis gehabt, dass ihm der Doktor den Finger abgenommen hat. Angeblich soll er einen Fieberfinger gehabt haben. Aber der hat ihn ihm abgebissen! Das war um die Jahrhundertwende.

S'Funkl Irgei soll ja ein gutes Mandl gewesen sein. Er hat in einer Keusche gelebt und hat sich immer so grad drübergebracht. Geißen haben sie gehabt und wenn irgendwer gekommen ist um eine Milch, hat s'Irgei zu seiner Frau gemeint: „Gib ihm gleich einmal eine Milch!" und sie hat ihm eine gegeben. Wenn sie gejammert hat, es ist ja eine Notzeit gewesen, hat er gesagt: „Wir werden eh gleich wieder melken!" Ja, das ist ein guter Mann gewesen.

Familie Rießner

Der Heilige Abend

Weihnachten war lange Zeit ein Geheimnis, wegen dem Christkindl. Am Vormittag ist zusammengeräumt worden, so gut es halt gegangen ist, geputzt und Ordnung gemacht. Zu Mittag war Fasttag, da hat es Eintropfsuppe gegeben und „Schnidn". Das war so eine Schmalzkost aus Germteig. Da nimmt man ein bissl Germteig, zieht ihn so länglich auseinander, füllt ihn mit Marmelade, legt ihn wieder zusammen und dann backt man die „Schnidn" in Schmalz.

Am Nachmittag war Ruhe, absolute Ruhe. Da ist gelesen worden, ein jeder hat sich ein wenig gereinigt und es ist schön langsam eine Feiertagsstimmung aufgekommen. Die einen haben schon das Feiertagsgewand angehabt, die anderen haben noch dem Vater beim Füttern geholfen und sich dann umgezogen. Den Christbaum haben die Buben meistens erst am Heiligen Abend, am Vormittag geholt. Aber wir haben uns den Baum im Wald eh schon früher ausgeschaut gehabt. Am Nachmittag ist er von den größeren Kindern dann aufgeputzt worden, mit Kugeln, Keks, Zuckerln und Kerzen.

Am Heiligen Abend wurden zuerst drei Rosenkränze gebetet, dann hat es die Geschenke gegeben. Das waren meistens Gebrauchsartikel, Socken oder Hemden. Handschuhe, Socken, Hauben und solche Sachen sind von der Mama selber gestrickt worden. Die kleineren Kinder haben vielleicht ein Spielzeug bekommen, eine Puppe oder einmal einen Teddybären. Mutter und Vater sind von den größeren Kindern beschenkt worden.

Auch am Abend war ein strenger Fasttag. Da hat es Ofenkrapfen gegeben. Das war ein großer Laib, der ist mit Mohn gefüllt gewesen. Um Mitternacht sind wir alle zur Mette gegangen, nur die Kleinen nicht, die sind zu Hause geblieben.

Krenkette und Ameisenöl

Gegen das Fieber hat es die berühmte „Krenkettn" gegeben. Da sind von einer Krenwurzen kleine Scheiben abgeschnitten worden und dann zu einer Kette gefädelt, die hat man um den Hals gelegt. Diese Kette hat das Fieber herausgezogen. Aber die Krenscheiben haben eine ungerade Zahl sein müssen! Das war wichtig.

Geriebenen Kren hat die Mutter ins Bett hineingeschmissen, einfach auf das

Familie Rießner

Leintuch drauf. Da hat man sich dann draufgelegt und das war ganz gut zum Fieberentzug. Die Blattln sind ganz schwarz geworden und hart wie Stein und das Fieber war weg. Wir haben gemeint, der Kren ist dadurch hart geworden, weil er das Fieber entzogen hat.

Gegen Kopfweh und auch gegen Fieber waren Erdäpfelblattln sehr gut. Die Erdäpfeln sind blättrig geschnitten worden und auf ein Kopftuch aufgelegt. Das hat die Mutter uns Kindern fest um den Kopf gebunden. Die Blattl sind blau geworden und das hat das Fieber entzogen.

Preiselbeerwasser war auch fieberhemmend. Dafür sind die Preiselbeeren in ein Häferl gekommen, Wasser drauf. Das hat man stehen gelassen und dann getrunken. Ein anderes Hausmittel gegen Fieber war das Krenpflaster. Da hat man Kren gerieben, Mehl dazu und daraus einen Batz gemacht, den hat man um den Fuß getan oder auf den Kopf.

Gegen Halsweh hat die Mutter eine Vogelbeersalsn genommen. Salsn, das ist ein ganz alter Ausdruck, so haben die alten Leut gesagt. Salsn, das ist so etwas wie Marmelade, dass du es auch verstehst. Von der Salsn hat sie ein Patzl genommen, das hat dann den Hals ausgeräumt. Ohrenweh haben wir viel gehabt! Die Kinder haben oft geschrien vor Ohrenweh. Da hat die Mutter irgendetwas in die Ohren eingetropft, ich glaube etwas aus Rotholler, das hat die Mutter selbst gemacht.

Die Salsn, die haben wir von der Nachbarin gekriegt, von der alten Stockermutter. Es hat halt so gewisse Frauen gegeben, die haben sich mit Heilkunde befasst. Meistens waren das Frauen, die selbst viele Kinder gehabt haben. Da musst ja was erfinden, dass du helfen kannst.

Bei uns war eine alte Frau, die hat Ameisenöl gemacht. Ich hab's als Kind immer mit den Drüsen zu tun gehabt, da hat das wunderbar geholfen. Heute schneiden's einen ja geschwind auf, aber die hat gesagt: „Komm nur herauf, wenn dir die Drüsen wieder so weh tut!" Da hat sie ein Flascherl mit Ameisenöl gehabt, das hat sie mir angeschmiert und ein Tücherl herum. Mit dem Öl hat sie uns Kinder eingeschmiert und in ein paar Tagen ist es wieder gut gewesen.

Das Öl hat sie selbst hergestellt. Sie hat eine Flasche genommen, Öl hineingetan und das Flascherl dann in einem Ameisenhaufen eingegraben. Die Ameisen, die sind ins Öl hineingekraxelt und das Öl, das hat sie dann in die Sonne gestellt, bis es wie Honig ausgeschaut hat. Das war etwas sehr Gutes!

Ella Rießner

Vom Stottern und vom Singen

Da war ein Kärntner bei uns, der hat einen Sprachfehler gehabt. Er war im Krieg verschüttet gewesen und hat ein Leiden davongetragen, er hat seitdem gestottert. Den hast nicht anschauen dürfen, schon hat er so gestuckatzt. Vielleicht hat es ihm im Krieg die Red' verschlagen? Ein anderer, den ich gekannt habe, der ist genau an der gleichen Stelle verschüttet gewesen und der hat seit damals auch gestottert. Aber wenn der Kärntner gesungen hat, hat er nicht gestottert, da hast überhaupt nichts gemerkt.

Wir Buben haben dem Vater immer beim Zaunmachen helfen müssen. Einmal kommt der Kärntner zufällig vorbei und stottert: „Bitt, bitt, singen wir!" Dann haben wir beim Zaunmachen gesungen, „Am Riegerl steht ein Hütterl". Das war schön, da hat er überhaupt nicht gestottert.

Familie Rießner

Stinken wie ein Geißbock

Mein Bruder, der Hubert, der war zehn Jahre jünger als ich. Da ist wieder einmal unser „Goaßbock" ausgerissen zu den Geißen. Der war ja furchtbar, der Bock! Einmal ist er zu den Nachbarn gegangen, Geißen suchen. Die haben das schon gemerkt und den Stall zugesperrt, dass er nicht hinein kann. „Du Luader! Du kommst nicht zu unseren Geißen!", haben sie gesagt.

Und was war? In der Früh war er schon drinnen! Jetzt ist der Goaßbock beim Fenster eini, wie die Buam beim Fensterln. Hat der das Fenster zutrümmert und ist hineingeflogen zu den Geißen!

Hat also der Vater zum Hubert gesagt: „Hol' den Goaßbock, das Rabenvieh!" Da war der Bub vielleicht zehn Jahre alt. Ist der Hubert hineingegangen, hat den Bock beim Kragen gepackt, er hat ihn einfach so unter den Arm genommen und hat ihn heimgezogen. Er war ja ein großer kräftiger Bub! Der hat den Bock einfach genommen. Gemma! Hoamzaht! Aber am nächsten Tag ist er mit dem Rock in die Schule gegangen. „Na, wie du stinkst!", haben alle gesagt. Geht der mit dem Rock in die Schule! Stell' dir das vor!

A Bua muaß a Luader sein!

A Bua muaß a Luader gwesen sein, sonst wär' er ka Bua! Die Dirndln haben Puppen gekriegt und einmal auch einen Teddybären. Der hat immer so geraunzt und Gespräche geführt. Die Puppen haben nicht geredet, aber der Teddybär! „Mau! Mau!" Jetzt haben wir Buben natürlich nachschauen müssen, was da drinnen ist. Wir haben ein Messer genommen und dem Bären den Bauch aufgeschnitten. Da haben die Dirndln einen Zorn gehabt! Die haben geschimpft! Aber wir haben ja nachschauen müssen, was der für ein Gespräch führt.

Es ist eher selten vorgekommen, dass ich in der Schule bleiben musste. Ich werde halt frech gewesen sein, jedenfalls musste ich an dem Tag Schul' bleiben! Da war ich nicht der Einzige, das haben oft mehrere müssen. Die haben uns dann einfach in der Klasse eingesperrt. Aber an dem Tag habe ich irgendeinen Weg gefunden und habe mich von der Sperre selbst befreit. Ich bin ausgebrochen! Ich weiß nicht mehr, wie ich das geschafft habe. Aber wie ich heim unterwegs bin, ist die Lehrerin dahergekommen. Sie war beim Nachbarn in Quartier und ist gerade Richtung Schule gegangen. Jetzt hat's Stunk gegeben. Hat mir das Luder eine „Fotzn" gegeben! Und dann hat das Rabenvieh auch noch so schön dahergeredet, dass ich wieder in die Schule gehen soll. Aber sie hat mich nicht mehr erwischt, weil ich so gut springen kann. Das war ein Wahnsinn. Aber gekriegt hat sie mich nicht!

Der Lehrer hat immer gesagt: „Ihr Doppeldodln!"

Das mit dem Lehrer, das war eine eigene Geschichte. Da könnte man ein Theaterstück draus machen! Wenn wir in die Schule gegangen sind, hat es schon angefangen. Da war zum Grüßen mit Heil Hitler! In der Hitlerzeit ist das Gebet ja abgekommen. „Nicht einmal grüßen können die Muli!", hat er dann geschrien. Das war seine Ausdrucksweise, Muli hat er uns genannt. Ein Mitschüler war der Klassenkommandant, der hat dann hinausgehen müssen und uns kommandieren: „Wir grüßen mit Heil Hitler!"

Muli und Mistbratl, so ungefähr war seine Anrede für die Schüler. Unsere Namen hat er auch alle verdreht. Ich war der Riessacher, der Ladstätter war der Ladenfrost, der Mösenbacher war der Mösinger und so weiter. „Ihr könnts nix als nur blöd schauen und Mist aufladen!", hat er geschrien.

Einmal war einer draußen bei der Tafel zum Rechnen mit den Rechenstreifen. Da ist halt ein wenig zum Kopfrechnen gewesen. Der Lehrer hat einen Zorn gekriegt und ist aufgestanden. Er hat geschrien und war ganz fürchterlich. Jetzt hat der Lehrer aber vorher beim Katheder die unterste Lade herausgezogen und er hat das vergessen. Er fliegt drüber und es haut ihn ordentlich zur Tafel hin. Kannst dir eh denken, dass wir gelacht haben, dass die ganze Schule gehallt hat! Jetzt ist der Lehrer da gelegen mit seinem wehen Fuß, er hatte ja eine Kriegsverletzung. Die Rechenstreifen hat er dem auf den Schädel gehaut. „Ihr könnts nix, ihr wissts nix, das muss sitzen!", hat er gesagt und ihm draufgehaut. Daraufhin sagt der Bub: „Sitzen tut man auf dem Arsch!" „Haus- und Hofdodln!", hat er geschrien. Und: „Doppeldodln!" Die Kinder haben gelacht.

Er war außerdem ein unsauberer Mensch, er hat die Spuckerei gehabt. Er hat immer hinter den Ofen gespuckt. Die Hilda, die hätte den Saustall entsorgen sollen, aber die hat gesagt: „Ich hab' ja nicht hingespieben!"

Wenn du in der Bank gesessen bist, ist dir vorgekommen, du kannst alles. Aber wenn du hinaus an die Tafel hast müssen, hast oft nichts mehr gewusst. Dann hat er deinen Rock genommen und ihn übergedreht und hat dich mit dem Schädel an die Tafel gestoßen. Nein, gefürchtet haben wir ihn nicht, ich jedenfalls nicht.

30, 40 Kinder waren wir in der Oberklasse, die war bummvoll. Von einer Familie sind oft drei, vier Kinder in einer Klasse gewesen. Die Zita und ihr Bruder sind gemeinsam in die Klasse gegangen. Einmal hat der Lehrer den Buben wieder einmal gehaut. Da sagt die Zita laut: „Eh, so a Dodl! Jetzt haut er ihn schon wieder! Jetzt hat er gar nichts getan!"

Wenn die Schule aus war, sind wir über den Tritt, das war ein kleines Stiegerl, hinuntergehupft, nicht gegangen. Dabei hast oft schön hohe Flüge gemacht! Da hat der Lehrer geschrien: „Zurück! Zurück!" Aber alle waren schon beim Teufel, keines ist zurück.

Ferdinand Rießner

Mich hat der Lehrer wohl gerissen bei den Ohren. Dabei bin ich immer brav gewesen, aber mein Vater war kein Hitleranhänger, das hab ich immer wieder leiden müssen. Einmal sind sie mit dem Wagen ausgefahren, mein Vater ist vorne auf dem Gefährt gesessen und der Lehrer hat hinten auf einem Brett stehen müssen. Der ist halt ganz schlecht gefahren auf dem Fuhrwerk und am nächsten Tag hab ich es wieder gekriegt. „Steh auf! Der Herr Pürstl ist vorn oben gesessen und ich als Ortsgruppenleiter", und da hat er mich hergezwickt beim Ohrwaschl, „habe hinten auf dem Brett stehen müssen!" Und wieder hat er mich bei den Ohrwascheln gezogen wie net gscheit!

Wie ich schon ausgeschult war, ist der Lehrer zur Handarbeitslehrerin gegangen und hat gesagt: „So, da hätt' ich wieder Socken zum Stopfen!" „Ja, wem soll ich das geben?" „Der Pürstl!" Da bin ich wieder gut genug gewesen, zum Stopfen! Der Socken war so zerrissen, dass die ganze Ferse draußen gewesen ist. „Was soll man da stopfen", hab ich gesagt, „die Ferse gehört ja neu angestrickt." „Na, na dann stopf mir's halt zu!" Es hat ja keiner geschaut auf seine Sachen. Er war ja nicht verheiratet.

Ella Rießner

Stanglstrümpf und Schuhfetzen

Was meinst, wie das bequem ist, Stanglstrümpf und Schuachfetzn! Die Stanglstrümpf gehen nur über die Wadln bis zu den Fersen, im Winter sind sie warm

Familie Rießner

und im Sommer hab ich meine Schuhfetzen gehabt. Das sind Leinenfetzen, circa 40 mal 40 Zentimeter. Die habe ich so zusammengelegt, dass man übers Eck hineinsteigen kann, und dann ist er an den Seiten aufgeklappt worden. Ich habe mir immer ein eigenes Leinen gekauft, so ein doppelt breites Leinentuch, da sind acht Schuhfetzen daraus geworden, so Schweißtücher.

Was hättest denn auch getan in der Alm, wenn du nass geworden bist? Der Socken, der wäre nie trocken geworden, du hast ja wenig heizen können auf der Alm. Aber der Fetzen war gleich trocken!

Im Winter hast Socken getragen. Ich weiß noch, mit 15 Jahren, da war ich mit dem Stier und dem Fuhrwerk unterwegs und dabei sind meine Schuhe ganz nass geworden. Wir waren ja damals mit dem Alter schon voll im Einsatz. Jetzt hab' ich aber nur ein paar Schuhe gehabt und es ist am nächsten Tag, am Sonntag Nachmittag, zum Eisschießen gewesen. Ich hab furchtbar gern Eis geschossen! Die Schuhe waren noch nicht trocken und ich bin trotzdem hineingeschlüpft. Es war dann so kalt beim Eisschießen, dass alles gefroren ist, der Schuh und die Socken! Wie ich den Schuh ausgezogen habe, ist der Socken im Schuh festgefroren gewesen!

Im Sommer sind wir sowieso bloßfüßig gegangen und wenn'st einmal einen Schuh verloren hast, dann hast allweil müssen barfüßig gehen, aus. Gleich wenn es aper geworden ist, dann sind wir Kinder barfuß umeinand geteufelt. Das war bei uns sicher extrem, weil wir so viele Kinder waren.

Es erzählt:

Theresia Laserer

geb. Unterberger, geb. 1913, Bad Goisern

Meine Mutter war „a kolter Wecken"

Meine Mutter hat bei einem Doktor als Köchin gearbeitet. Wie ich vierzehn Tage alt war, hat sie mich schon hergegeben. Die Mutter war nie verheiratet, ihr Liebhaber war ein Schneidergesell aus Böhmen. Er war der Kindesvater und sie hat ihn erst zwei Wochen nach meiner Geburt verständigt, dass er ein Kind hat! Meine Mutter war überhaupt „a kolter Wecken". Beim Gericht haben sie zu ihr gesagt, sie soll sich das noch einmal gut überlegen, ob sie ihr Kind herschenkt. „Ja, ja", hat sie gesagt, „ich muss jetzt wieder kochen gehen." Die haben dort gesagt, sowas Kaltes ist ihnen noch nie untergekommen.

Ich bin dann zu dem Bruder von der Mutter gekommen. Dort war mein Zuhause. Die Frau vom Bruder ist irgendwie krank gewesen und hat kein zweites Kind mehr haben können. Ihre Mutter hat zu ihr gesagt, wenn du ein Kind annimmst, musst ein ganz Kleines nehmen. Ja, dann haben sie mich geschnappt!

Einen Buben haben sie schon gehabt und ein Mädl ist ihnen grad gestorben. Und so haben sie unbedingt noch ein Dirndl wollen und da haben sie mich genommen. Sie haben mich getauft, sie war meine Patin und dann war sie meine Mutter, weil sie mich adoptiert haben. Sie war dann die richtige Mutter!

A Sau, a Lampl und zwa Küah

Der Vater war Holzknecht. Der ist immer in der Arbeit gewesen und war nur am Wochenende daheim. Wir haben daheim eine kleine Wirtschaft gehabt, „a Sau, a Lampl und zwa Küah", es war nicht viel, aber wir sind nicht arm gewesen. Alles war da, auch Milli, Milch.

Aber vor Weihnachten haben wir gelebt wie Gott in Frankreich. Da haben wir immer unser Schwein geschlachtet. Sonst haben wir nicht so viel Fleisch gehabt, aber da hat es allweil ein gutes Fleisch und Würst' gegeben. Eine Blunzen habe ich recht gerne gegessen. Und auch ein Bratl habe ich so gerne mögen! Das hat es sehr selten gegeben, denn unter dem Jahr hat die Mutter am Sonntag gewöhnlich Kochfleisch gemacht, ein gekochtes Rindfleisch und einen Salat dazu. Kühlschrank haben wir keinen gehabt und deshalb ist alles im Rauchfang geselcht worden, was wir nicht frisch gegessen haben.

Die Ahnl

Ich weiß gar nicht, wie alt meine Großmutter, die Ahnl, war, sie ist halt schon ein bucklats Weibl gewesen. Damals waren ja alle alten Leut ausgeschunden und mit fünfzig war man eigentlich schon alt. Die Ahnl hat auch ein schweres Leben gehabt. Sie ist zum Schluss nur mehr ein Haucherl gewesen.

Die Großmutter ist im Austrag, im Ausgedinge, gewesen, sie hat schon den Hof übergeben gehabt. Sie hat nicht weit von uns gewohnt und die Mutter hat ihr manchmal einen Schotten oder einen Rahm geschickt. Ich bin gerne bei ihr unten gewesen. Sie war zu uns Kindern recht lieb.

Sie ist immer auf ihrem Sessel gesessen und ich bin auf dem Schemel unter ihr gesessen. Die Ahnl hat mir immer einen Löffel mit Rohrzucker gegeben, wenn ich zu ihr gekommen bin. Sie war überhaupt sehr großzügig, nicht wie ihr Mann, der hat nichts auslassen. Was sie halt grad mögen hat, hat sie uns geschenkt. Manchmal hab ich auch ein Häferl von ihr gekriegt, weil Geld hat es ja keines gegeben.

Die Ahnl hat nicht mehr gearbeitet, sie hat meistens im Predigtbuch gelesen. Sie war evangelisch christlich. Sie hat immer gesagt, sie will am Karfreitag sterben und sie will an dem Tag begraben werden, an dem ihr Herr begraben worden ist. Na, ist sie grad am Karfreitag gestorben! Am Abend vorher hat sie ihren Nachttopf noch weit unters Bett geschoben, weil sie ihn ja nicht mehr braucht, und dann hat sie sich hingelegt und ist gestorben. So leicht war Sterben. Ganz einfach.

D'Resl ist auch geladen

Die Mutter hat mich immer zu den Hochzeiten mitgenommen. Sie hat einfach gesagt: „D'Resl ist auch geladen!" Dann hab ich mitgehen dürfen und immer

ein Kranzerl gekriegt. Jedes Dirndl, das zu einer Hochzeit geladen war, hat ein grünes Kranzerl gekriegt. Grün deshalb, weil es war ja die grüne Hochzeit. Da habe ich fesche Kranzeln gekriegt! Das hat mir immer sehr gut gefallen.

Und einmal habe ich sogar mit der Hochzeitskutsche mitfahren dürfen! Das war damals eine besondere Hochzeit: Eine grüne, eine silberne und eine goldene Hochzeit sind auf einmal gefeiert worden. Das war so eine große Hochzeit, dass sogar extra für das Fest eine Köchin gekommen ist. Die goldene Hochzeit hat meine Großmutter, die Ahnl, und der Großvater, der Ähnl, gefeiert. Die silberne ein Sohn von ihnen. Und ich hab auf der Kutsche mitfahren dürfen! Das vergesse ich nicht.

Theresia Laserer

Vom Tragen auf dem Kopf

Wir haben früher vieles am Kopf getragen: Die Sachen in ein großes Tuch eingepackt und auffi auf den Kopf! Das lernt man als Kind automatisch.

Die Wäsche haben wir daheim hergerichtet, eingeseift, gsotten, alles was man halt so tut, und beim Bach haben wir sie geschwemmt. Die Wäsche haben wir in einem Holzschaffl am Kopf dorthin getragen und wieder am Kopf zurückgetragen.

Ich habe ja auch das Heu am Kopf heimgetragen. Das Heu ist in ein großes Tuch gekommen, das hab ich zu einem Binkel gebunden, der war oft so groß, dass es bis zum Genick gegangen ist. Ich habe leicht einmal so ein großes Packl getragen! Wenn es wirklich schwer gewesen ist, dann hat man es halt im Genick gehabt.

Viele haben auch was sie eingekauft haben auf dem Kopf getragen, aber ich nicht, ich habe einen Rucksack genommen. Auch das Einkaufen war ganz anders als heute. Man hat ein Grießsackerl gehabt, ein Mehlsackerl und ein Zuckersackerl, das waren selbst gemachte Stoffsackerln. Die hat man zum Einkaufen mitgenommen, da war im Geschäft nichts fertig abgepackt. Mehl, Grieß und Zucker sind abgewogen worden und ins Sackerl gekommen. Alles ist daheim dann so in die Lade hineingegeben worden.

Der Wildschütz

Einmal war ich im Roßmoos Erdbeeren brocken, nicht zum Verkaufen, sondern für uns selbst. Ich bin mit dem Vater mitgegangen, er hat Holz gearbeitet und ich bin halt ein Stückl weiter hineingegangen, weil dort drinnen war ein schöner Beerenplatz. Auf einmal kommt da ein Wildschütz daher! Der war schwarz angemalt im Gesicht und „angelegt" wie ein Wildschütz. So einen schwarzen Mann hab ich noch nie gesehen gehabt. Ich hab' mich so geschreckt! Das war richtig gruslig. Ich bin sofort zurückgelaufen und hab dem Vater erzählt, was mir passiert ist. „Ah, geh", sagt der, „der hätt' dir eh nichts getan!"

Der Wildschütz wird gelacht haben! Ich habe den gesehen und bin sofort weggerannt. Damals waren ja viele Wildschützen unterwegs. Der hätte mir sicher nichts getan. Aber ich renn weg und vergesse auch noch die Erdbeeren im Wald!

Theresia Laserer

Umagaustern

Als Kinder haben wir „Gugan" gespielt, Versteckerln halt, ums Haus herum. Ich bin viel beim Nachbarn gewesen, da waren viele Kinder. Wir haben keine Spielsachen gehabt, wir haben grad so gespielt, was uns eingefallen ist.

Wir sind halt umeinander gegaustert, herumgesaust. Ich erinnere mich, einmal, da war es so lustig, umgaustern mit den anderen Kindern und auf einmal ist es finster gewesen. Wir sind noch immer nicht heim, da ist uns schon mein Bruder entgegengekommen. „Jetzt kriegst Schläg'!", hat er gesagt. Das war dann auch so, die Mutter war zornig und grad hab ich tatsächlich Schläg' gekriegt! Ja dann geh ich nicht mehr fort, hab ich gesagt, wenn ich dafür Schläg' krieg.

Heute geht das nicht mehr, heute können die Kinder nicht mehr umgaustern bei den vielen Autos!

Das Strumpfbandl

Im Winter habe ich gestrickte Strümpfe getragen. Die anderen Mädchen haben gscheite Strümpfe gehabt, mit einem Strumpfhalter. Aber meine waren zu kurz, die haben nicht einmal bis zum Knie gereicht. Ich war eitel und wollte nicht, dass die anderen sehen, dass ich solche Strümpf' habe. Jetzt habe ich ein Bandl genommen und die Strümpfe ganz fest übers Knie hinaufgezogen und dann um die Knie mit dem Bandl festgebunden. Wenn die Mutter das gesehen hat, dann hat sie wieder geschimpft mit mir. Aber ich hab so gern auch schön sein wollen!

Rad fahren lernen

Später, mit sechzehn, da war ich schon im Dienst als Bauernmagd, da hab ich Rad fahren gelernt. Alle Tag zu Mittag habe ich dem Bauern das Essen zur Bahn bringen müssen. Er hat bei der Eisenbahn gearbeitet. Einmal habe ich gesagt: „Heut fahr' ich mit dem Radl!" Ich habe es nicht können, aber ich wollt einmal probieren, wie die „Gschicht tut".

Hin ist es noch gut gegangen, aber beim Zurückfahren sind auf dem Weg Buam gestanden und haben geschrien. Da hab ich zu denen geschaut und schon hat es mich hingescheppert. Ich habe mit meinem Gesicht die ganze Straße „abgeschält". Ich bin heim und sofort auf mein Zimmer. Die Bäuerin ist zu mir gekommen und hat gefragt: „Ja wie schaust denn du aus? Was hast denn du getan?"

Ein anderes Mal hat es mir die Knie abgeschält, alles beim Rad fahren. Ich hab halt gemeint, ich bin schon recht gescheit, aber es wird doch nicht so gewesen sein.

Familie Grundner

Niederöblarn

Es erzählen: Anni Grundner, geb. 1946 und Alfred Grundner, geb. 1945

Anni Grundner:

Mit 7 Jahren weg von daheim

Ich bin als siebentes von zwölf Kindern 1946 im Sölktal geboren. Bei so vielen Kindern waren nie alle daheim. Mein älterer Bruder ist mit acht Jahren zu einem anderen Bauernhof gekommen, auch eine Schwester. Erst die Geschwister nach mir sind nicht mehr weggekommen, wahrscheinlich war dann schon alles leichter.

Schon mit sieben Jahren musste ich das erste Mal weg von daheim. Ich habe in den Ferien bei einem nähergelegenen Bauern auf ein kleines Mädchen aufgepasst. Das hat man mir mit sieben schon zugetraut! Die Bäuerin dort hat mich auch Viecher holen geschickt, die waren circa 200 Meter vom Haus entfernt. Einmal aber hat sie die Tiere selbst in den Hof getrieben und ich hätte aufpassen sollen, dass sie nicht auf den Krautacker oder in die Wiese rennen. Und ich habe das Tor nicht zugemacht, weil ich gemeint habe, so ist es besser. Hat sie mich Haus- und Hofdudl genannt! Ich war so gekränkt! Ich kann mich noch erinnern, ich habe geweint und es meiner Mama erzählt.

Ich war sonst eigentlich ein Typ, der sich leicht angepasst hat, und das hat der Bauer erkannt, der im darauffolgenden Frühjahr zum Kuhhandeln zu uns in die Sölk gekommen ist. Er hat gesehen, wir sind eine kinderreiche Familie, und mich hat er sich dann „ausgeschaut". Ich werde halt zugänglich gewesen sein, locker und wissbegierig. Da hat er mich gefragt, ob ich mit ihm mitfahren würde auf seinen Bauernhof. Er hat ein zweieinhalbjähriges Mädchen und die braucht eine Spielkameradin. Ich war damals acht Jahre alt. Das war also der Start, als Spielkameradin bin ich gekommen und er hat mich dann zu einer Super-Dienstmagd ausgebildet.

Ich habe da gewohnt, gespielt und gearbeitet, ich bin dort zur Schule gegangen und die Altbäuerin ist für mich zu einer Art Ersatzmutter geworden. Meine Mutter hat mich nie besucht, weil sie nicht wegkönnen hat von daheim. Ich war nicht böse auf sie, sie hat gewusst, ich bin gut aufgehoben und es geht mir gut. Eigentlich habe ich das nicht als hart empfunden, das Weggehen von daheim. Mir sind nur die vielen Geschwister abgegangen.

Ich bin jeden Tag um halb sechs aufgestanden. In der Früh habe ich noch die Kühe zum Brunnen treiben müssen, dann schnell anziehen und in die Schule rennen. Es war ein recht weiter Schulweg vom Berg herunter und ich habe keine guten Schuhe gehabt. Im Winter war ich einmal so verfroren, als ich angekommen bin, dass die Lehrerin mit mir geturnt hat, damit es mir wieder warm wird. Die Schulaufgabe habe ich immer erst am Abend gemacht, weil tagsüber habe ich schon ein wenig mithelfen müssen. Nach dem Essen haben sie mir ein Stockerl zur Abwasch gestellt, weil ich noch so klein war. Die Abwasch war ein betonierter Kasten, keine Spüle, und da hat man ein großes Emailwandl hineingestellt.

Der Bauer hat mich zusehends immer mehr in die Arbeit eingeweiht. Abwaschen, dann einmal auskehren, beim Futtermähen helfen, die Kühe striegeln, das Euter sauber machen, beim Melken den Kuhschwanz halten, das waren meine ersten Arbeiten. Er hat uns Kinder, seine zwei Töchter und mich, einfach mit den Viechern konfrontiert, mit den Kühen, den Schafen und den Pferden. Und so ist das halt immer mehr geworden und allweil mehr.

Er hat mir Melken gelernt. Das ist eine Geduldsache, für den, der es lernt, und auch für den, der es lehrt! Man kriegt Tipps, wie man greift und wie man drückt, dass die Milch besser herausgeht. Man lernt, dass man von oben hinunterzieht und dann zammdruckt. Man probiert das halt so oft, bis es mit der Zeit ganz gut gelingt.

Auch das Ziegenmelken hat er mir gelernt, „Goaß" melken, das ist gar nicht ohne! Ich kann mich an eine Episode erinnern, da hat die Kleine vom Bauern, während ich die Goaß gemolken habe, von oben gehäckseltes Stroh über uns gestreut. Dann habe ich eben geschimpft mit ihr und der Bauer hat mit mir geschimpft, weil die Milch voll Stroh war. Und weil ich mit ihr geschimpft habe, hat sie geweint und dann hat er mir eine Watschn gegeben. Er hat geglaubt, ich hab' ihr weh getan. Ungerecht war das!

Und dann war noch so eine Geschichte, da war die zweite Tochter gerade ein Jahr alt. Früher hat man die Zuckerrübenschnitzl im heißen Wasser eingeweicht. Die Altbäuerin hat das Wasser am Herd erhitzt und es dann in den Flur hinausgestellt. Sie hat zwar einen Deckel draufgegeben, aber das war trotzdem zu gefährlich. Wenn da das Kleine hineinfällt! Der Bauer hat geglaubt, ich war

das, und hat mir, ohne zu fragen, eine heruntergehaut. Also, das hat weh getan! Hinterher sagt er: „Hättest was gesagt!" Da war es schon zu spät.

Aber eigentlich habe ich trotz der vielen Arbeit ein schönes Leben gehabt. Die Bauersleute waren gut zu mir und vor allem mit der Großmutter, der Altbäuerin, habe ich mich gut verstanden. Sie hat mir und meinen Gefühlen immer schön getan. Sie hat am Abend, beim Schlafengehen viel mit mir geredet und hat mich getröstet, wenn ich verzagt war. Obwohl, so oft war ich nicht verzagt. Ich war eben ein Typ, der sich gerne und leicht angepasst hat. Ich habe bei der Großmutter im Zimmer schlafen dürfen, das war für mich eine Wärme und Geborgenheit. Da habe ich mich wohl gefühlt. Dabei hat die Frau gar kein leichtes Leben gehabt. Ihre zwei Söhne haben sich gehasst und sie ist allweil zwischendrin gestanden. Kurz bevor ich hingekommen bin, ist sie von dem einen Bruder zu dem anderen gezogen. Die Brüder haben ja Bauernhöfe nebeneinander gehabt. Sie war so eine gutmütige Frau, man kann sich gar nicht vorstellen, dass die solche Söhne hat. Die waren dem Vater gleich, der war auch ein harter Mensch. Aber an mir hat sie eine Freude gehabt. Und ich hab' wahrscheinlich durch sie kein Heimweh gehabt.

Der Großdatl

Ich kann mich noch erinnern, wie der Großvater in der Stube gesessen ist und Schuhe repariert hat. Er ist da auf seinem Schemel gesessen, es war warm in der Stube und die ganze Kinderschar ist um ihn herum gewesen. Mein Großdatl hat Schuhe für den Eigenbedarf geflickt oder auch neu gemacht. Alles war da, das ganze Schusterwerkzeug, die „Loast", die Leisten für die Form, alles was ein Schuster braucht. Das wurde später weggeschmisssen, leider.

Der Großvater war eine Seele von einem Menschen, er war so gut! Wir haben zu ihm nicht „Sie" sagen müssen, wir haben ihn Großdatl genannt. Bei uns daheim hat das Zusammenleben von Jung und Alt eigentlich ganz gut geklappt.

Ich habe bis zu meinem fünften Lebensjahr aus Platzmangel beim Großvater geschlafen. Wir waren ja so viele Leute am Hof, da musste man oft zu zweit in einem Bett schlafen. Es war ein Strohbett und wenn es kalt war, hat er einen Ziegel im Ofen angewärmt, in ein Tuch gewickelt und zu den Füßen gelegt.

Der Großvater ist 1951 gestorben, mit 86 Jahren. Er ist daheim gestorben, ich war aber nicht dabei. Ich habe erst zu ihm dürfen, als er schon die Augen zu gehabt hat. Ich hab' da keine Trauer empfunden, schon, dass er nicht mehr da war, aber vielleicht hat sich durch die Geborgenheit der Großfamilie das nicht so bemerkbar gemacht. Es kann auch sein, dass man die Trauer als Kind nicht so hat zeigen können.

Der Großvater ist gewaschen und angezogen worden und auf seinem eigenen Bett aufgebahrt. Da sind Bretter draufgekommen und weiße Tischtücher. Außerdem hat es eigene bestickte Tücher gegeben, nur für Todesfälle. Die waren verziert mit religiösen Stickereien, die hat die Familie selbst gemacht. Da drauf hat man dann den Großvater gelegt. Er ist hergerichtet worden, als ob er schlafen würde. Ja und dann sind die Nachbarn gekommen. Zuerst sind sie hinauf zum Großvater und haben sich verabschiedet. Man hat mit Weihwasser gesprengt und auch gebetet.

Dann sind sie in die Stuben zum Rosenkranzbeten. Gebetet worden ist lang, viel länger als heute! Sicher eine Stunde ist bei der Nachtwache gebetet worden, den schmerzhaften Rosenkranz sowieso, dann noch eine Litanei und alle Heiligen sind um Schutz gebeten worden. „Bitt' für ihn! Bitt' für ihn!", haben alle gerufen. Das hat lang gedauert. Wir haben in der Stuben viele niedere Schemel gehabt, die sind zum Tisch hingestellt worden und da sind dann alle gekniet.

Wir Kinder haben uns nicht gefürchtet, für uns war das ein Erlebnis! Wir haben uns gefreut, dass so viele Leute gekommen sind. Das war ja sonst selten der Fall.

Zum Aufbahren hat's eine gewisse Suppe gegeben, die Nachtwachsuppe oder Totensuppe. Bei uns hat es noch Krapfen gegeben, Roggenkrapfen und Weizenkrapfen. Dann noch Tee oder Kaffee.

Für die Nachtwache ist immer einer aufgeblieben, weil, eine Kerze in der Stube musste die ganze Nacht brennen.

Die Rauchkuchl

Wir haben bis 1956 eine Rauchkuchl gehabt. Dann ist unser Haus umgebaut worden und auch Strom eingeleitet. Die Rauchkuchl war gleich neben der Stube, hat eine offene Feuerstelle gehabt und gleich daneben eine Selch. In dem Raum ist gekocht geworden und gleichzeitig geselcht. Die Rauchkuchl war bis zum Dachboden ganz offen, denn der Rauch hat ja irgendwo hinausziehen müssen, weil es keinen Kamin gegeben hat. Es war alles schwarz, daran kann ich mich noch erinnern, alles schwarz, bis hinauf über die Stiege in den ersten Stock. Man hat in den oberen Zimmern schon Türen gehabt, aber trotzdem hat das ganze Haus immer verraucht gerochen.

Da, an meiner Hand habe ich noch die Folgen von der Rauchkuchl! Das war so: Mein Bruder und ich sind auf der Bank neben der Feuerstelle gesessen, da war ich ungefähr zwei Jahre alt. Er hat mich am Schoß gehabt und so hin und hergeschaukelt. Die Mama hat auf dem Trifuß eine Pfanne mit heißem Wasser abgestellt. Wahrscheinlich hat er mich so stark geschaukelt, dass ich ihm ausgekommen bin und mit der Hand in das kochende Wasser geposcht. Jetzt haben sie das ganz Verkehrte getan und mir Mehl auf die Hand gegeben! Dadurch ist die Haut abgegangen und die Wunde ist dann wassrig geworden. Sie haben gesagt, ich habe Tag und Nacht geschrieen vor Schmerzen. Die Eltern sind mit mir gleich zum Arzt nach Gröbming gefahren, aber trotzdem hat es lang gedauert, bis alles geheilt ist. Der Doktor hat die Haut zusammengeflickt, aber die Hand ist nie wieder richtig schön geworden und hat lange gespannt.

„A weng a kluage Zeit"

Der Vater hat immer Kukuruzmehl gekauft für Polenta. Das hat er in großen Säcken heimgebracht und daheim in eine Truhe gegeben. Da sind wir Kinder dann heimlich hingegangen und haben uns mit der Hand ein wenig Mehl aus der Truhe genommen und das trockene Mehl einfach so gegessen. Es war halt doch „a weng a kluage Zeit". Wir haben wenig gehabt und immer das Gleiche gegessen. Die Kost war schon sehr einseitig. Im Sommer hat es z. B. nur Schaffleisch gegeben, kein anderes frisches Fleisch. Später hat es manchmal Deputatwild gegeben, das ist zum Teil geselcht worden. Man hat ja keine Gefriertruhe gehabt. Das Fleisch ist also großteils geräuchert worden und da sind natürlich ab und zu die Fliegen dazugekommen. Man hat auch nicht immer die Knochen entfernt und dann ist das Fett und das Fleisch gelb geworden. So einen gelben Speck hat man trotzdem gegessen. Das hat den Leuten früher nichts ausgemacht. Auch schimmliges Brot ist nicht weggeschmissen worden. Man hat einfach den Schimmel abgeschnitten und das andere wieder verwendet.

Und die selbst gestrickten Strümpfe! Die haben gebissen und gejuckt! Die Schafwolle ist damals noch nicht so gut verarbeitet gewesen und sie war sehr unangenehm auf der Haut.

Die Schafe haben wir selbst gehabt, geschoren habe ich auch, schon mit 13, 14 Jahren. Das Flies ist daheim gewaschen worden, das war eine mühselige Arbeit, aufgebreitet und getrocknet. Der Vater hat alles dann fest in Jutesäcke gestopft und in die Lodenwalke gebracht. Dort hat er dafür fertige Wolle mitgenommen, zum Stricken von Socken und Stutzen. Das war sozusagen ein Tauschgeschäft.

Auf einem Bauernhof wurden früher fast sämtliche Holzgeräte selbst gemacht. Die Bauern haben kreativ sein müssen und handwerklich vom Fach. Meine Brüder waren überall dabei, wenn die Größeren etwas repariert haben. Einmal ist ein Zaun gemacht worden, einmal ein Rechen repariert. Die Rechen haben wir schon bei den Rechenmachern gekauft, aber wenn etwas kaputt war, hat der Vater es ausgebessert. Die Buben waren dann natürlich auch sehr geschickt. Sie haben sich Wasserradln zum Spielen gebastelt und der ältere Bruder ist auch Zimmerer geworden.

Wir haben in unserer eigenen Seilerei selbst Seile erzeugt und der Großvater, er war Schuster, hat für den Eigengebrauch Schuhe gemacht. Das ganze Schusterwerkzeug war da, die „Loast", die Formen für die Schuhe. Das wurde später alles weggeschmissen, auch alles von der Seilerei.

Wenn der Knödl springt

Mehlknödel mit Einbrennsuppe hat es bei uns oft gegeben, weil es eine billige Kost war. Das waren normale Knödel aus Mehl, die werden wie Nockerl zubereitet, nur größer und deshalb sind sie halt doch ein bissl hart geworden.

Damit der Knödl nicht aus der Suppe springt, haben wir daheim eine spezielle Essmethode gehabt. Da ist die Schüssel mit den Knödln auf den Tisch gekommen und extra eine Schüssel mit der Suppe. Vom Knödl hat man mit dem Löffel nicht abstechen können, das hätte gespritzt und wahrscheinlich wäre er auch gesprungen. Deshalb hat man vorgesorgt. Jeder hat ein Holzbrettl gehabt und einen Teller. Auf dem Brettl hat er sich den Knödl vorgeschnitten und dann in den Teller gegeben. Jetzt hat er sich Suppe herausgeschöpft und gegessen. Meistens hat es Einbrennsuppe gegeben, manchmal auch klare Fleischsuppe.

Im Esstisch haben wir eine ganz tiefe Schublade gehabt. Da drin ist das Besteck und die Teller aus Blech aufbewahrt worden. Da war das ganze „Werkzeug" drin. Nur mein Onkel, der hat sein eigenes Besteck gehabt. Nach dem Essen hat er es immer ganz lange mit seinem Hemd abgewischt.

Familie Grundner

Froschhaxl und Blumenkranzl

Gespielt haben wir mit Tannenzapfen, mit Löwenzahnröhrln, mit Blumen und Steinen. Mit den Zapfen haben wir Bauernhof gespielt. Die Kühe, die Kinder, die Familie, das Haus, alles war aus Zäpfen. Bei dem Spiel hat man zuerst das Haus abgeteilt, alle Gebäude aufgebaut und die Wiesen eingeteilt. Dafür wurden einfach die Zapfen aufgelegt und fertig. Dann hat jedes Kind eine gewisse Anzahl von Zapfen gehabt, das waren die Menschen und die Viecher, und damit hat man dann gespielt.

Im Frühjahr haben wir auch gerne Blumenkranzerln geflochten oder im Bach mit den Steinen gespielt. Im Bach haben wir eine Absperrung gemacht, eine Wehr aus Steinen. Ja, und viele Frösche sind im Bach drin gewesen. Wir haben die Frösche gefangen und sie umgebracht. Die Froschhaxl haben wir ausgerissen und mit nach Hause gebracht. Das war eine besondere Delikatesse! Die Haxen haben wir in Mehl gewälzt und in Butter gebraten. Das war ganz was Gutes!

Sehr lustig für uns Kinder war auch das Flachsbrecheln. Der Flachs wurde nach der Ernte in der Badstube getrocknet. Das war ein eigenes Gebäude mit einem großen Ofen, auf dem hat man den Flachs ausgebreitet. Wenn er trocken war, dann ist es zum Brecheln gewesen. Da wurden die Nachbarn eingeladen, vor allem die Dienstmägde und Bäuerinnen. Wenn Besuch gekommen ist, das war immer etwas Besonderes und sehr schön! Man hat dann auch besser gekocht und die Kinder sind herum gewesen, die Kleinen und die Großen. Ab und zu haben sie spaßhalber uns Kinder über die Brechel gelegt, dafür hat es dann als Belohnung ein Stollwerk gegeben oder ein Zuckerl. Das war eine Gaudi, auf diesen Tag hat man sich schon gefreut!

Mitunter hat es dann noch ein geselliges Zusammensein mit Musik und Tanz gegeben. Und weil sie beim Brecheln in der Badstube eingeheizt haben, wurden Erdäpfel in die Glut gelegt und gebraten. Die haben wir uns abgeschält und heiß gegessen. Damals hat man sich auf alles gefreut. Man hat halt sehr einfach und bescheiden gelebt.

Familie Grundner

Der Waschtag

Waschtag war ein Mal im Monat. Natürlich, wenn Windeln da waren, die hat man schon alle zwei, drei Tage gewaschen, sonst eben ein Mal im Monat. Da wurde dann alle Wäsche zusammengeholt. Die Pfoaten, die Männer haben ihr Werktagspfoat mindestens eine Woche lang getragen und jeder hatte bestimmt zwei bis drei Hemden. Außerdem alles Selbstgestrickte, die Socken vor allem. Dann die Unterwäsche und alles andere aus Leinen.

Bei uns zu Hause wurde das Leinen aus dem Flachs gewebt, den wir selber angebaut haben. Der Flachs ist nach dem Brecheln gesponnen worden, das hat die Mutter gemacht und meine Schwester. Dann ist alles am Dachboden gelagert worden, bis der Störweber mit seinem Webstuhl gekommen ist. Der ist so lange im Haus geblieben, bis alles fertig gewebt war. Er hat vor allem grobes Leinen gemacht, aber teilweise auch feines. Dann hat die Mama gewartet, bis die Sonne scheint und das Leinen draußen bleichen kann. Wir haben ja neben dem Sölkbach gewohnt, das war ideal. Sie hat das Linnen dort in die Wiese gelegt und wir Kinder haben ihr geholfen, Wasser aus dem Bach hertragen.

Wenn Waschtag war, ist der große Waschbottich, die Waschbrentl, angefüllt worden. Zuunterst ist die dreckige Wäsche gekommen, dann weiter hinauf die schönere. Die Wäsche wurde nicht nach dem Schmutz geordnet, sondern nach dem Gebrauch. Ganz oben war also die Sonntagswäsche und zuletzt die weißen Hemden. Früher hat man die meiste Wäsche gekocht. Unterhalb, im Dämpfer, hat man eingeheizt und alles ausgekocht. So hat man den Waschtag angefangen.

Gewaschen worden ist bei uns im Vorhaus, dort war der Dämpfer zum Heizen, denn warmes Wasser hat man immer gebraucht. Unser Vorhaus war recht groß, das war eigentlich ein eigener Arbeitsraum.

Ein Großteil der Wäsche ist über die Waschrumpel geschrubbelt worden. Die feinen Sachen, wie die Socken, die hat man mit der Hand über die Handflächen geribbelt. Und zum Schluss, wenn die einzelnen Stücke fertig waren, hat man sie noch in kleinen Bottichen schwemmen müssen. Da ist natürlich ein ganzer Tag draufgegangen!

Familie Grundner

Das Godngehen

Das erste Schnitzl in meinem Leben habe ich bei meiner Godn gekriegt, meiner Taufpatin. Der Zeitpunkt zum Godngehen war zu Weihnachten und zu Ostern, dann, wenn ich von dem Bauern, wo ich gelebt habe, heimgegangen bin. Die Patin hat uns immer ein Schnitzl gemacht und darauf haben wir uns so gefreut!

Mit dem Godngehen hat man ganz klein angefangen. Schon mit zwei, drei Jahren ist man gegangen, natürlich nicht allein, meistens haben mehrere von einer Familie die gleiche Godn gehabt. Die Mama ist auch mit gewesen und das war dann immer ein großes Familienfest! Meistens hat auch die Patin selber viele Kinder gehabt und da ist es auf jeden Fall rund gegangen. Meine Godn hat sieben Buben gehabt und eine Tochter, das war einfach lustig und ein Erlebnis für mich!

Für mich war das Godngehen auch allweil deshalb so schön, weil die Patin die Frau von einem Jäger war und die Familie einen Hund gehabt hat. Und wenn der Hund wieder einmal Junge gehabt hat, war das natürlich besonders interessant für uns.

Das Beste war aber der Godnstrutzen. Das war ein Milchbrot mit Rosinen, das wurde zu einem Zopf geflochten. Wer es gekonnt hat, hat einen sechsfachen Zopf gemacht, sonst einen dreifachen oder vierfachen.

Bis zur Firmung, also meistens bis vierzehn, ist man zur Taufpatin gegangen, danach zur Firmgodn. Ich bin schon mit elf gefirmt worden, das war ungewöhnlich früh. Aber bei der Firmgodn, da war's nicht mehr so wie bei der Taufgodn. Die hat in eher ärmlichen Verhältnissen gelebt. Aber Gott sei Dank habe ich noch mit der jüngeren Schwester zu ihrer Godn gehen können!

Vom Umgang mit den Kindern

Bei uns daheim haben beide Elternteile die Erziehung in der Hand gehabt. Der Vater war einer, der nie ein Kind geschlagen hat, die Hand vom Vater hab ich nie gespürt, die von der Mutter schon eher. Ab und zu hat es eine Tetschn von der Mama gegeben, wahrscheinlich dann, wenn man die anderen geärgert hat. Das war schon recht.

Auf Anstand, „Bitte" und „Danke" ist großer Wert gelegt worden, auch dass man nicht streitet. Und gutes Benehmen war wichtig, wir mussten einen jeden grüßen, „Griaß Di!" zur Jugend und „Grüß Gott!" zu den Erwachsenen. Darauf ist großer Wert gelegt worden, auch dass man auf den anderen Rücksicht nimmt und sich gegenseitig unterstützt.

Auf dem Bauernhof, auf dem ich aufgewachsen bin, da hat man schon Zeit verwendet für die kleinen Kinder. Wir Größeren sind so erzogen worden, dass wir auf die Kleineren aufpassen. Wenn es geschrieen hat, haben wir das Zutzerl hineingegeben und das Kind geschaukelt. Schon früh, mit vier oder fünf Jahren, haben wir auf die kleineren Geschwister aufpassen müssen.

Gefüttert haben wir die Babys nicht, denn teilweise sind sie von der Mutter so lange gestillt worden, bis das nächste kommt. Man hat eigentlich schon darauf geachtet, dass die Kinder lange gestillt worden sind. Da hat man sich das Papperlkochen erspart. Aber meine Schwester und ich, wir haben die Kleinen gewickelt, gefatscht und dann in den Schlafsack gelegt. Damit es die Kinder schön warm haben, hat man sie auf Schaffelle gelegt, noch angewärmte Ziegel in die Körbe hineingetan und sie mit dicken Schafwolldecken zugedeckt.

Man hat aber nicht so viel Angst gehabt wie heute, dass etwas passiert oder dass wir mit dem Kind nicht umgehen können. Die Großen haben uns das vorgelebt, dass man gut zu den Kleinen ist, dass man es behütet und aufpasst, und das ist einfach auf uns übergegangen. Denn, es kann in der Familie ja nicht weitergegeben werden, was nicht von vornherein da ist!

Mit dem toten Kind ist er heimgekommen

Ein Bruder war schwer krank. Er hat einen Tumor gehabt, da war er noch ganz klein, zweieinhalb Jahre. Sie konnten ihn bei uns nicht mehr behandeln und haben ihn deshalb nach Graz ins Spital gebracht. Keiner war bei ihm, er war dort ganz allein. Es war zu der Zeit Sommer und die Mutter ist mit der jüngsten Schwester gerade auf der Alm gewesen. Der Bub ist in Graz zwei Mal operiert worden. Das war sicher schwer für die Mutter. Wenn man denkt, sie weiß, der Bub ist im Spital und wird operiert und sie ist auf der Alm, so was kann man sich gar nicht mehr vorstellen.

Dann haben sie dem Vater ein Telegramm geschickt und ihn verständigt, dass der Bub nicht überleben wird. Das war im September. Der Vater ist nach Graz gefahren und die Mutter herunter von der Alm. Der Vater hat den Buben geholt und ist mit ihm heimgefahren. Und im Zug ist das Kind dann gestorben, auf seinem Arm. Es hat ausgeschaut, als ob er schlafen würde. Mit dem toten Kind ist er heimgekommen und sie haben ihn dann daheim aufgebahrt.

Bei der Aufbahrung war ich nicht dabei, ich bin erst zum Begräbnis gekommen. Da war ich zwölf Jahre alt und bin das erste Mal allein mit dem Zug gefahren. Der Bauer hat mich in Trautenfels in den Zug gesetzt und der Bahnwärter hat dem Schaffner gesagt, er soll schauen, dass ich in Stein an der Enns wieder aussteige.

Irgendwann, später einmal, hat meine Mutter zu mir gesagt: „Eines merk dir, einem Kind ins Grab nachschauen ist viel schwerer als den Mann verlieren!" Ich denke, sie hat gemeint, das Kind ist ja ein Teil von dir und deshalb ist es so schwer, wenn ein Kind stirbt.

Alfred Grundner:

... dann hat sie das Muttergefühl abbauen müssen

Meine Kindheit war schwer. Meine Mutter war eine Bauerntochter, eines von acht Kindern. Eigentlich war geplant gewesen, dass sie zum Nachbarhof einheiratet, aber dann hat der Vater im letzten Kriegsjahr seinen Fuß verloren. Nun ist er als Hoferbe nicht mehr in Frage gekommen und somit ist auch die Beziehung gescheitert. Mein Bruder und ich sind ledige Kinder. Er ist drei Jahre älter als ich und sicher ein Kind der Liebe. Ich war vielleicht ein liebes Kind, ich weiß es nicht, aber sicher nicht erwünscht. Ich habe das erst später mitgekriegt, wie ich schon aus der Schule war, während der Aufwachszeit merkt man das nicht so. Man ist halt benachteiligt worden.

Fast bis zum Ausschulen haben wir die Mutter mit dem Vornamen angeredet. Sie war für uns die Lina. Mein Bruder und ich, wir sind bei den Großeltern aufgewachsen, das waren für uns Vater und Mutter. Erst als wir schon fast aus der Schule herausen gewesen sind, da haben wir erst so richtig mitgekriegt, dass die Lina unsere Mama ist!

Unsere Mutter war am Hof die Sennerin. Über den Sommer ist sie auf die Alm gefahren und mein Bruder ist schon als Kleiner immer dabei gewesen. Als er drei Jahre alt war, bin ich auf die Welt gekommen. Nicht auf der Alm, obwohl, es haben schon viele Sennerinnen auf der Alm entbunden. Ich bin Anfang Juni geboren und zwei Wochen später hat die Mutter auf die Alm fahren müssen. Was hätte sie tun sollen? Jetzt hat sie mich auf den Weg mitgenommen und mich unterwegs bei einem Gasthaus abgegeben. Da war ich zwei, drei Wochen alt. Sie war nicht verwandt mit den Leuten, aber wahrscheinlich hat die Frau die Situation gesehen und gesagt: „Ich schau' auf ihn! Ich nehm' ihn!" Dort bin ich dann den ganzen Sommer geblieben.

Das war bestimmt am Anfang schwer für die Mutter. Aber ich glaub, dass die Leut' früher vom Gemüt her anders waren, hart halt. Es ist nicht so zimperlich zugegangen, die Leute waren nicht so fein. Ich glaube, sie haben auch oft das Gefühl nicht gezeigt, das sie schon gehabt hätten. Wenn eine Frau nicht die Möglichkeit gehabt hat, bei ihren Kindern zu sein, dann hat sie halt das Muttergefühl abbauen müssen.

Bittschön! Dankschön!

Kinder haben früher viel mehr Respekt gehabt als heute, vor dem Gendarm, vor dem Pfarrer, vor dem Lehrer und auch vor den Eltern und Großeltern.

Man hat gesagt: „Mutter, habt's es" und „Vater, es", das heißt man hat „Sie" gesagt, vor allem zu den Großeltern.

Es hat uns an nichts gefehlt, aber wenn man etwas hat haben wollen, dann hat man gebittet. Man hat mit den Händen „Bitte" sagen müssen und „Bittschön, derf i noch was hobn?". Dann ist ein Brot abgeschnitten worden und du hast es gekriegt. Dann hat man „Dankschön" gesagt.

Ein Stückerl Freiheit am Schulweg

Unser Schulweg war zwar lang, aber er war auch ein Stückerl Freiheit für uns. Vor allem im Winter hat man es so empfunden, weil da Zeit keine Rolle gespielt hat.

Im Sommer war das ganz anders. Da hat es immer geheißen: „Bua, kimmts ja recht schnell hoam nach der Schul', weil es ist zum Heigen!" Es war immer eine Arbeit da und man hat schauen müssen, dass man schnell heimkommt, weil daheim haben sie schon gewartet auf die Arbeitskraft.

Im Winter aber sind wir kaum einmal vor dem Finsterwerden von der Schule nach Hause gekommen. Wir haben eine Stunde Schulweg gehabt und sind,

je nach Schneelage, entweder mit dem Schlitten oder mit den Schi gefahren. Anders ist man im Winter gar nicht in die Schule gekommen. Da sind wir hinuntergefahren und haben wieder hinaufgezogen oder gestaffelt und da hat man eben die Zeit übersehen. Auf und auf voller Schnee und waschelnass sind wir heimgekommen. Dann war natürlich noch zum Aufgab' machen und geschimpft worden ist auch, ist ja logisch!

Graß hacken

Vor der Haustüre haben wir Fußabstreifer aus Graß gehabt, aus Reisig. Da hat es geheißen: „Geht's Buam, bringt's a Graß hoam!" Ich glaube, ich war noch nicht in der Schule, mein Bruder war drei Jahre älter als ich. Jetzt haben's uns also den Berg hinaufgeschickt, Graß hacken. Jeder hat ein Kleehackl in die Hand gekriegt und wir sind gegangen.

An einer Stelle, bevor man in den Wald hineinkommt, haben wir einen Baumstamm liegen gesehen. Da haben wir halt angefangen zu hacken. Wir sind ziemlich tief hineingekommen in den Stamm und auf einmal rinnt da Wasser heraus. War das eine Brunnenleitung! Und die haben wir durchgehackt! Die ganze Zeit war auch noch ein Nachbar in der Nähe und hat uns zugeschaut.

Wie wir mit dem Graß heimgekommen sind, haben's natürlich schon Bescheid gewusst. Ich hab mich aus Angst vor Schlägen gleich versteckt. Wir haben damals fast täglich eine Watschn gekriegt. Mein Bruder ist schön dageblieben und da war halt ich wieder der Schuldige.

Das Spiegelei

Alle Jahr hat der Pfarrer bei uns zumindest ein Mal, wenn nicht zwei Mal einen Hausbesuch gemacht. Wenn er gekommen ist, hat er seine Wirtschafterin mitgehabt und ist von uns natürlich bewirtet worden. Wir Kinder haben uns immer sehr auf diesen Besuch gefreut, weil der Herr Pfarrer hat immer Spiegeleier gekriegt und da ist meistens mehr gemacht worden und wir haben dann auch eines bekommen.

Das war für uns eine Sensation. Früher ist man mit den Eiern sehr sparsam umgegangen und ein Spiegelei war wirklich etwas Besonderes.

Familie Grundner

Die Zacherlnussen

Wenn die Mutter im Sommer auf die Alm gefahren ist, bin ich daheim auf dem Hof geblieben. Wie ich fünf, sechs Jahre alt war, war es dann soweit, dass ich der Mutter Lebensmittel auf die Alm bringen soll. Auf der Alm wird ja Fleisch gebraucht und verschiedene andere Lebensmittel, die einmal wöchentlich hinaufgebracht werden.

Jetzt muss dem Kind natürlich zuerst der Weg gezeigt werden, bevor man's allein losschickt! Beim ersten Mal ist die jüngste Tante mit mir gegangen. Der Weg war lang, drei Stunden Fußmarsch durch den Wald.

Wir sind durch den finsteren Wald gegangen und dann zu einem großen Stein gekommen, dem Handelstein, der steht heute noch dort. Rundherum der Hochwald, es war ziemlich finster und nur ein schmaler Weg führt da durch, ein Karrenweg, wo man früher mit den Pferden und den Leiterwägen gefahren ist. Wir gehen dort halt durch und da erzählt sie mir, dass bei dem Stein um Mitternacht ein goldenes Kalb herauskommt. Solche Angstsachen sind einem erzählt worden! Ich glaube, sie haben einem diese Gruselgeschichten eingetrichtert, damit man schön flott geht und sich nicht vertrödelt, wenn man allein ist. Wahrscheinlich hat es auch geholfen, denn man hat dort wirklich Angst gehabt.

Wir sind dann weitergewandert, meine Tante und ich, und sind zu einem „Schupf" Haselnüssen gekommen. Ich hab Haselnüsse nicht gekannt und hab gefragt: „Was ist das?" Da hat sie gesagt: „Das sind die Haselnussen!" „Nein", hab ich gesagt, „das merk ich mir nicht." Dort in der Nähe war ein kleines Bauerngehöft, vulgo Hasler. Jetzt sagt sie: „Das ist ganz einfach, da brauchst nur auf den Hasler denken." Hasler war der alte Bauer und der hat mit Vornamen Zacharias geheißen. Im Volksmund war das der Hasler Zacherl.

Wie wir heimgekommen sind von der Alm, fragen alle: „Wie ist es gegangen? Was habt's alles gesehn?" Da sag ich: „Zacherlnussen haben wir gesehen!" Der Hasler ist mir nicht mehr eingefallen, aber der Zacherl war in Erinnerung.

Familie Solderer

vulgo Kohllöffel, Jagerberg

Es erzählt: Karl Solderer, geb. 1938

Mei Hoamat

Ich war als Kind einmal da, einmal dort, ich habe mich an vielen Orten zu Hause gefühlt.

Das erste Lebensjahr habe ich in Raach bei Graz verbracht. Mein Vater war der jüngste von den Geschwistern und hat fort müssen von daheim. So ist der Vater Pferdeknecht auf einem größeren Hof in Stattegg bei Graz geworden.

Dann hat der Vater im Jahr 1939 einrücken müssen und die Mutter ist mit uns vier Buben wieder ins Elternhaus vom Vater nach Wetzelsdorf bei Jagerberg gezogen. Jetzt war meine Heimat der vulgo Kohllöffel. Die Wirtschaft war nicht groß, nur 13 Joch. Damals hat man gesagt, Bauern sind diejenigen, die ein Pferd haben, die anderen sind Keuschler. Wir haben kein Pferd gehabt, wir haben nicht einmal einen Ochsen gehabt, nur drei Kühe und zwei Kälber. Bei uns haben dann halt die Kühe alle Zugarbeiten leisten müssen. Das Arbeiten haben wir schon den Kälbern gelernt, dann ist das schon gegangen.

Den vulgo Kohllöffel haben mein Onkel Peter und die Tante Thresl gemeinsam bewirtschaftet. Der Onkel hat nie geheiratet, weil ihm keine gepasst hat, und die Tante ist ledig geblieben, weil ihr Schatz im Ersten Weltkrieg gefallen ist und sie danach keinen anderen mehr angeschaut hat.

Bei uns in der Stuben hat jeder am Tisch seinen Platz gehabt. Es hat eine Rangordnung gegeben und jeder hat dort sitzen müssen, wo er eingeteilt war und wo sein Zeichen beim Tisch eingeschnitzt war: Der eine hat einen Stern gehabt, der andere einen Stiefel oder einen Baum.

Sehr gerne war ich auch bei meinem Onkel Toni, dem vulgo Buchbauer. Er und seine Frau waren liebe, gute Leute und haben sich gefreut, wenn ich zu ihnen komme, ihr Haus ist für mich fast zur zweiten Heimat geworden. Bei der Buchbauerkeusche war es immer sehr lustig. Ich kann mich noch an das Kartenspielen erinnern. Auch die Buchbauernkinder, der Alois und der Toni, und ich haben mitspielen dürfen. Bei uns ist nicht um Geld gespielt worden, sondern um Bohnen und Maiskörndln. Die sind vorher genau abgezählt worden und jeder hat gleich viel gekriegt. Zum Schluss hat man wieder ganz genau gezählt, wer die meisten Körndln hat.

Gespielt haben wir meistens am Abend und da war unsere einzige Beleuchtung eine Petroleumlampe. Mein Onkel hat nur eine einzige Lampe gehabt, mehr hat er sich nicht leisten können. Wenn jetzt einer auf's Häusl hat müssen, hat er natürlich die Lampe mit hinausgenommen und wir sind inzwischen halt im Finstern gesessen und haben gewartet. Wir haben beim Fenster hinausgeschaut und wenn wir ein Licht näher kommen gesehen haben, haben wir gewusst: „Jetzt kommt der wieder vom Häusl zurück!"

Dann, 1947, ist mein Vater aus der Kriegsgefangenschaft zurückgekommen und wir sind wieder nach Graz gezogen. Ich war ein Jahr alt, als er in den Krieg gezogen ist und jetzt, mit neun, habe ich ihn nicht mehr gekannt. Er war ein Fremder für mich.

Der Vater ist im Krieg zwei Mal verschüttet gewesen, dadurch hat er angefangen zu trinken. Er hat am Abend keine Ruh' gegeben und es hat oft lange gedauert, bis er eingeschlafen ist. Am nächsten Tag in der Früh war er wieder der beste Vater, den man sich hat vorstellen können.

In den Ferien bin ich immer wieder gerne nach Jagerberg zurückgefahren. „Mei Hoamat" ist immer der vulgo Kohllöffel geblieben, obwohl ich den größten Teil meiner Schulzeit in Graz verbracht habe.

Der Strohdecker

Alle meine Onkel haben Schuster gelernt, nur einer, der Toni, der vulgo Buchbauer in Zehensdorfberg, war zusätzlich auch noch Strohdecker. Früher sind bei uns in der Oststeiermark die Häuser ja großteils mit Stroh gedeckt gewesen. Erst in den 50er Jahren sind die Ziegeldächer gekommen. So ein Strohdach hat schon 25 bis 30 Jahre gehalten. Unter dem Strohdach am Dachboden ist ein eigenes Klima entstanden. Im Sommer war es schön kühl und im Winter war es nicht kalt. Dort hat man auch das Geselchte gut aufbewahren können.

Ich bin als Bub beim Strohdecken ab und zu dabeigewesen. Wenn der Onkel geschrieen hat: „A nasse Scher' gebt's auffa!", dann hat das geheißen, dass er einen Most auf das Dach hinauf will.

Ich habe dem Onkel auch beim Korndreschen geholfen. Dabei haben wir das Getreide zu Garben gebunden und über die steile Leitn heim in die Wirtschaft getragen. Mein Onkel hat eine ganz armselige Wirtschaft gehabt. Rundherum war alles ganz steil. Wenn der den Acker mit einer Kuh umgebaut hat, dann hat er manchmal die Furche hinauftreten müssen, sonst wäre das Erdreich heruntergefallen, so steil war es da.

Daheim sind die Garben, die er für's Strohdecken vorgesehen hat, auf besondere Weise gedroschen worden. Auf dem Tennboden sind sie an einem Fass ausgeschlagen worden. Die letzten Körner haben wir dann noch mit einem Prügel, wir haben ihn „Schwert" genannt, herausgeschlagen. Dieses Stroh ist dann zum Dachdecken verwendet worden.

Der Ertrag der Ernte war früher aber eher gering. Die Hälfte ist wieder dem Boden zurückgegeben worden, das hat man als Saatgut verwendet. Man kann sich vorstellen, wenn da einmal zwei schlechte Jahre waren, dann hat man schon Wald oder Grund verkaufen müssen.

Ich erinnere mich noch, im Winter ist beim vulgo Buchbauer das Stübl, die Schlafkammer, nie geheizt worden. Die kleinen Fenster waren so voll Reif, dass man gar nicht hinausgesehen hat. Die Alten haben meistens in der großen Kuchl gelegen, wo es wärmer war. Wenn es kalt war, hat jeder einen Stein am Ofen liegen gehabt. Der Stein war schön dick und abgeschliffen und ist am Ofen recht warm geworden. Wenn man schlafen gegangen ist, hat man einen mit ins Bett genommen. Manche Keuschler haben im Stall sogar beim Vieh draußen geschlafen, weil das im Winter der wärmste Ort war.

Die Tante Thresl

Die Tante Thresl hat nie geheiratet. Sie hat dann bei uns im Heimathaus, dem vulgo Kohllöffel, den Haushalt geführt.

Ich habe zu meiner Tante ein ausgesprochen gutes Verhältnis gehabt, ich habe ihr zum Beispiel die ersten weißen Haare ausreißen dürfen. Dafür hat sie mir als Belohnung dann ein paar Eier zugesteckt. Mit den Eiern bin ich zum Greißler im Ort einkaufen gegangen, weil, Geld habe ich keines gehabt. Natürlich waren wir nicht blöd und haben gewusst, wo unsere Hühner die Eier hinlegen, und ab und zu hat man halt ein Ei genommen.

Die Tante hat immer viel erzählt und ich habe ihr immer gerne zugehört. Ich habe schon als Bub gut zuhören können, das hat der Tante gut gefallen. Ich habe sehr viel durch das Zuhören gelernt. Man muss zuerst das Zuhören lernen, bevor man das Erzählen lernt.

Die Tante hat eine gute Schulbildung gehabt. Sie hat alle acht Jahre Volksschule gemacht, ohne ein einziges Mal sitzen zu bleiben. Das war schon etwas! Vor allem weil die Kinder früher oft unregelmäßig zum Unterricht gegangen sind. Da hat es schnell geheißen: „Heut' gehst nicht in die Schul'! Heut' steht eine Arbeit an!"

Die Tante hat mir vor allem erzählt, wie es früher einmal war, als sie selber noch jung gewesen ist. Was der angestellt hat und was der gemacht hat, da war eine Überschwemmung und dort ein Unwetter.

Die Tante hat mir auch die Geschichte von der Resl erzählt. Die Resl war ein altes Weibl, ich habe sie nicht mehr gekannt, aber sie soll zu Fasching immer mit einer Schürze, dem „Firta", voll Krapfen zu uns gekommen sein. „Kohllöffel! Kohllöffel!", hat die Resl geschrieen. Dann hat sie gesagt: „Wenn du darotst, wie vüle Kropfn i in mein Firta drin hob, daunn ghörn olle siebene dir!" Mein Großvater hat dann gesagt: „Etwa siebene wirst drin haben!" Da hat sie gerufen: „Mei, bist du a darotener Teifl. Eppera hiatz kriagst kane! Schleckapatzl! Schaa! Schaa! Recht gschichts dir!" Dann ist sie einfach davongerannt. Sie war halt wahrscheinlich so ein bissl ein Dorfdodel und schwach im Kopf.

Das Findelkind

Mein Großvater war ein Findelkind. Seine Mutter war beim Grafen Meran oder sonst einem Grafen im Dienst und dann ist sie schwanger geworden. Das Kind hat sie hergeben müssen, anders ist das damals nicht gegangen. Sie hat es nach Jagerberg zu einem Schuster gegeben und wohl immer auch fleißig gezahlt. Aber nach einem Jahr hat der Schuster geschrieben, sie braucht kein Geld mehr zu schicken, der Bub ist gestorben.

Aber das war eine Lüge, der Bub ist gar nicht gestorben. Der Schuster wollte von der Frau kein Geld mehr annehmen, weil er den Buben wie ein eigenes Kind großziehen wollte.

Später hat der Großvater jeden Taler zusammengespart und sich ein Wirtschaftl gekauft und auch eine Schusterei eingerichtet.

Dann ist eines Tages eine Frau aus Jagerberg nach Graz ins Spital gekommen. Sie geht am Gang entlang in der ersten Klasse, so etwas hat es damals noch gegeben, da war eine Tür offen und sie hat meinen Familiennamen gelesen. Sie ist dann gleich hinein und hat gefragt, ob die Frau Verwandte in Jagerberg hat. Nein, hat die Frau gesagt, jetzt nicht mehr, aber früher habe ich einen Sohn in Jagerberg gehabt, aber der ist gestorben. Und so hat sie erfahren, dass mein Großvater noch am Leben war!

Bald danach ist sie nach Jagerberg gekommen. Angeblich ist sie mit einer Kutsche vorgefahren. Sie hat den Großvater beschenkt, sie hat Bettwäsche gebracht und Häferln, ein paar davon habe ich heute noch daheim.

Dann hat der Großvater natürlich wissen wollen, wer denn sein Vater ist. Den Namen hat sie nicht genannt. Sie hat nur gesagt: „Du brauchst dich nicht schämen, es ist einer, der kommt sechsspännig vorgefahren!"

Auf den Boden gespuckt

Wenn bei uns im Dorf ein Fest war, dann sind die Ehrengäste immer zu uns ins Haus gekommen, weil es bei uns daheim so blitzsauber war. Das war der Verdienst meiner Tante, sie war sehr sauber und ordentlich.

Als mein Bruder geheiratet hat, war die Hochzeitstafel in einem Gasthaus vier Dörfer weiter. Da hat man vor dem Essen die Hühner vom Tisch jagen müssen, dann ist erst aufgetragen worden. Man hat sich einfach nichts gedacht dabei. Man hat die Haustür offen gelassen und die Hendln sind einfach hereingekommen. In manchen Bauernhäusern hat man früher die kleinen Hendln unter der Bank in der Stube aufgezogen. Dort hat man einen Käfig hingestellt und da waren die Küken drinnen. Das hat aber auch seinen Sinn gehabt: So waren die kleinen Hendl sicher vor dem Bussard!

Früher hat man es mit der Hygiene überhaupt nicht so genau genommen. Es hat Häuser gegeben, da hat es mir oft so gegraust, dass ich lieber Hunger gelitten habe, als dass ich dort etwas angerührt hätte. Da ist beim Essen auf den Boden gespuckt worden und dann mit dem Schuh die Spucke verwischt.

Die Leute haben beim Essen gewöhnlich eine blaue Schürze umgehabt und da ist dann das Besteck abgewischt worden. Wusch! Sind schon die Fliegen draufgesessen!

Es hat Keuschler gegeben, ich glaube, da ist die Bettwäsche nie oder nur ganz selten gewaschen worden. Ich kann mich erinnern, ich habe einmal eine Bettwäsche auf der Wäscheleine hängen gesehen, die war trotz Waschen braun gewesen, die ist nicht mehr weiß geworden.

Eine „Mordshetz" auf der Totenwache

Als der Großvater gestorben ist, war ich noch ein Bub. Ich erinnere mich noch sehr gut an den Tag, weil sich da mein Cousin Alois den Fuß gebrochen hat. Und genau in der Nacht ist der Großvater gestorben. Sie haben ihn gleich hingesetzt auf einen Stuhl und haben ihm das Totengewand angezogen. Das Anziehen hat müssen schnell gehen, damit er fertig ist, bevor die Totenstarre eintritt. Der eine hat den einen Arm gehalten, der andere den anderen und so haben sie ihn gewaschen und angezogen. Da haben sie ihm das Hemd, den Rock und die Hose angezogen und ihn dann auf die Bahre gelegt. Das war schon ein bissl ungut für uns Kinder, aber wir waren eben überall dabei, beim Sauschlachten genauso wie wenn eine Kuh kälbert und auch bei solchen Sachen.

Über einen Schragen hat man Tücher gelegt und da drauf ist aufgebahrt worden. Man hat den Schragen mit dem Toten kopfseitig hochgestellt, sodass man den Eindruck gehabt hat, er würde fast stehen. Für uns Kinder war das immer etwas unheimlich.

Im Sommer ist auch eine Kette um den Toten gelegt worden, die unterhalb in ein mit Wasser gefülltes Fassl geführt hat. Damit hat man erreichen wollen, dass die Toten nicht so schnell einen Brand kriegen. Denn im Sommer fangt der Tote zum Rinnen an und an der Kette kann alles gut abrinnen und aufgefangen werden. Aber beim Großvater haben wir das nicht machen müssen, weil es ja Winter war.

Bei der Totenwache, beim Wachtn, war ich öfters dabei. Das war immer ein großes Ereignis für die Dorfjugend.

Früher hat es am Land noch die Dorfdodeln gegeben. Bei uns im Dorf war auch so einer. Der hat, als sein Vater gestorben ist, durch den Ort geschrien: „Buam! Buam! Heit gibt's a Hetz! Der Voda ist gstorben, kemmt's alle wochtn!"

Wenn jemand gestorben ist, dann ist man drei Tage wachten gegangen. Zuerst hat man gebetet, dann sind Kränze geflochten worden, wenn man alles zusammengeräumt hat, dann ist gespielt worden. Unsere Spiele bei so einem Anlass waren: Eselreiten, Sterndl gucken und Teller reiben.

Beim Eselreiten hat sich der Erste gebückt hinstellen müssen, der Zweite hat sich in der gleichen Haltung über ihn gelehnt. Jetzt hat dem einer fest auf den Hintern gehaut und er hat erraten müssen, wer es war. Wenn er den richtigen Namen gesagt hat, hat sich der als Dritter drüberlehnen müssen, der ghaut hat. Sonst hat er so lange hauen dürfen, bis sein Name erraten wurde. So ist die Schlange immer länger geworden, bis ein Spaßvogel von hinten angeschoben hat und dann sind alle umgefallen.

Beim Sterndlgucken hat man durch ein Ofenrohr die Sterne angeschaut. Man hat einfach durch das Fenster hinausgeschaut, dabei haben sie Wasser von oben in das Rohr geschüttet.

Beim Tellerreiben haben wir uns alle an einen Tisch gesetzt und dann sind uns die Augen verbunden worden, nur einem nicht. Der hat dann jedem einen Teller hingestellt, aber einer davon war an der Unterseite voll Ruß. Jeder hat müssen unter die Teller hineingreifen und sich mit den Händen fest die Wangen und das Gesicht reiben. Dann hat der eine gesagt: „Binden weg!" Und dann haben alle schnell geschaut, wer schwarz ist!

Das waren halt so einfache Spiele, die hat eh schon ein jeder gekannt, aber es war trotzdem lustig.

So eine Totenwache war „mords a Hetz", außer beim Beten natürlich. Wir haben zum Trinken gekriegt und gutes Weißbrot, den „Wieda", zum Essen, das hat es sonst nur sonntags gegeben.

Aber, das muss man auch sagen, gespielt haben wir nur, wenn ein alter Mensch gestorben ist, einer, für den der Tod vielleicht sogar eine Erlösung war. Wenn ein Jüngerer gestorben ist, dann war die Totenwache natürlich keine Unterhaltung.

Meistens war auch jemand dabei, der Geistergeschichten erzählen hat können. Wenn es so gegen Mitternacht gegangen ist, hat der angefangen zu erzählen. Für uns Buam war das deswegen so lustig, weil die Dirndln Angst gekriegt haben und dann haben wir sie heimbegleiten dürfen.

Geistergeschichten sind früher ja viel erzählt worden. Da hat einer in der Nacht im Wald etwas leuchten gesehen und jetzt fallt dem allerhand dazu ein und er erzählt das daheim weiter. Dabei haben nur ein paar Burschen ein morsches, modriges Holz gehalten, weil so ein Holz leuchtet wirklich im Finstern. So entstehen Geistergeschichten.

Oder, zwei haben den alten Pfarrer gesehen, obwohl er schon tot ist. Sie sagen, sie sind die Kirchleiten hinaufgegangen und er ist ihnen entgegengekommen. Er ist gestorben und trotzdem haben sie ihn gesehen. Solche Geschichten haben sie erzählt.

Das „Häusl" am Kirchweg

In der Nacht auf den Pfingstsonntag war es der Brauch, dass die Burschen allerlei Schabernack anstellen. Zu Pfingsten hat man einfach etwas angestellt! Das war für uns Burschen ein Höhepunkt!

Dass jemand einen Wagen voll Mist auf das Dach hinaufstellt, das hat es alle Jahr gegeben. Das war nichts Außergewöhnliches. Der Bauer hat dann gesagt: „Wenn ihr mir den Mist wieder hinunter tut's, dann gibt's was zum Essen und zum Trinken!"

Wir haben einen Kirchweg gehabt, der ist mitten durch die Felder gegangen, beim Bach entlang und dort über einen Steg drüber und danach die Leitn hinauf nach Jagerberg.

Jetzt haben die Buam ein Häusl abgetragen und es genau mitten am Steg aufgestellt. Wer am Pfingstsonntag in die Kirche hat gehen wollen, der hat durch das Häusl durch müssen! Die hintere Wand haben sie herausgenommen, sodass man über die Sitzfläche hat drübersteigen müssen.

In der Früh kommen alle Kirchgänger und müssen beim Häusl durch! Weil Umweg hat es keinen gegeben, man hat nirgends sonst, nur beim Steg, über den Bach können. Das war eine Hetz! Jeder hat müssen schauen, wie er über das Klo drüberkommt und die alten Weibln haben sie über die Sitzfläche drübergehoben.

Die Leute von dem Bauernhof, wo das Häusl abgebaut worden ist, waren arme Teufel. Da hat die ganze Familie an dem Tag zum Nachbarn gehen müssen, ihre Not verrichten.

Der nackte Oberkörper

Mit meinem Cousin Alois bin ich gerne baden gegangen. Bei der Mühle haben sie das Wasser vom Bach zurückgestaut und dort konnte man gut ins Wasser gehen. Schwimmen hat damals keiner können, es waren auch nur wenige, die überhaupt ins Wasser gegangen sind.

Familie Solderer

Die Tante Thresl war sehr streng und Baden war nicht erlaubt. Also haben wir uns, wenn es schon dunkel war, fortgeschlichen, zum Wasser hin. Aus unseren Schürzen haben wir uns Badehosen gebunden und sind hinein in den Bach. Einmal haben wir blöderweise die nassen Schürzen im Hühnerstall aufgehängt und da hat uns die Tante erwischt! Wir haben es gleich mit der Schürze drübergekriegt.

Die Tante hat es einfach nicht mögen, wenn wir mit nacktem Oberkörper herumlaufen. Das hat sich nicht gehört! Ich kann mich nicht erinnern, dass wir Buben je mit kurzen Hosen unterwegs gewesen sind.

Und alle Frauen haben natürlich lange Kitteln und Kopftücher getragen, bei der Arbeit, in der Kirche, überall. Die Kopftüchln sind so gebunden worden, dass man das Gesicht fast nicht gesehen hat.

Einmal haben sich alle Frauen vom Dorf zusammengetan und sind gemeinsam nach St. Stefan oder nach Kirchbach zum Friseur gegangen. Die Frauen sind wirklich alle gemeinsam gefahren und haben sich eine Dauerwelle machen lassen. Eine allein hätte sich das nie getraut!

Das Hundsschmalz

Nach dem Krieg war ja fast jedes Kind lungenkrank. Da hat es geheißen, Hundsschmalz ist das Beste gegen Tuberkulose!

Ein Schulfreund in Raach hat jeden Tag ein Schmalzbrot mit in die Schule bekommen. Ich habe als Jause nur einen Apfel und ein Stück trockenes Brot gehabt, deshalb habe ich gerne mit dem Freund getauscht. Er hat immer gesagt: „Tun wir tauschen!" Ich habe gedacht, ein Schmalzbrot ist viel besser als mein trockenes Brot.

Nach dem Krieg hat es nichts gegeben. Ich habe in meinem Hosensack immer eine eiserne Reserve gehabt, ein Stückerl altes, hartes Brot. Das war steinhart und wenn ich Hunger gehabt habe, habe ich nicht abbeißen können, sondern nur lecken, bis es weich geworden ist und zum Essen war.

Dann ist der Klassenkamerad gestorben und ich habe zufällig zugehört, wie seine Mutter mit meiner Mutter spricht: „Dem Buben hat das Hundsschmalz auch nicht geholfen!" Jetzt hat es mich ordentlich gegraust, aber ich habe niemanden etwas gesagt.

Der Schulfreund war der Sohn von einem Jäger, der hat immer die streunenden Hunde erschossen und seine Frau hat daraus Hundsschmalz gemacht. Sie hat geglaubt, das ist heilend für die Lungen.

Und ich war auch krank, ich habe eine geschlossene Lungentuberkulose gehabt und bin vollkommen ausgeheilt gewesen!

Eine Kindheit empfindet man immer als schön!

Eine Kindheit empfindet man immer als schön, auch wenn nicht so schöne Sachen passieren. Ich habe als Kind einige Male einen Schock gehabt und furchtbare Dinge erlebt.

Einmal, ich werde so fünf Jahre alt gewesen sein, habe ich in Raach Milch holen gehen müssen. Es war Winter und da sehe ich im Nebel einen beim Obstbaum sitzen. Er war schon angeschneit und ganz weiß. Ich bin hin zu ihm und habe gesagt: „He!" und ihn berührt, da ist er einfach umgefallen, er ist dort erfroren. Nach diesem Erlebnis habe ich mindestens drei Tage nicht schlafen können.

Später haben sie bei uns unten einen Partisanen oder Fahnenflüchtigen erwischt und auf einem Birnbaum aufgehängt. Da haben sie eine Kiste unter den Baum gestellt, der hat schon müssen auf Zehenspitzen draufstehen und einen Strick um den Hals gelegt. Dann hat der Offizier gepfiffen und einer hat die Kiste umgetreten. Jetzt ist der Partisan auf dem Birnbaum gehängt und dann haben sie auch noch einen Schuss auf ihn abgegeben. Wir Buben haben geglaubt, wir müssen schneidig sein und uns trauen hinschauen. Das war wirklich nicht schön.

Als Kind im Spital

Ich war sechs oder sieben Jahre alt, da habe ich nach Graz ins Spital zu den Barmherzigen Brüdern müssen. Ich kann mich nicht mehr erinnern, was ich gehabt habe, aber ich weiß noch, ich bin im Einsersaal gelegen. Der Saal ist mir so lang und groß vorgekommen wie eine Kirche.

Wir waren viele Patienten in dem Raum, Kinder und Erwachsene gemischt, und einer hat so laut und so viel geschrien, das werde ich nie vergessen. Es war ein Holzknecht, der eine Blutvergiftung gehabt hat. Der hat geschrien, bis er gestorben ist. Bis zuletzt haben sie den im Saal drinnen gelassen und ich habe alles mitanhören müssen. Das Kinderleben war früher ganz anders als heute.

Kaum war ich aus dem Spital entlassen, hat es einen Bombenangriff auf den Grazer Hauptbahnhof und die Annensäle gegeben. Meine Mutter hat gerade keine Zeit gehabt und so hat mich eine Bekannte aus dem Spital abgeholt, die immer zu uns hamstern gekommen ist. Sie hätte mich am nächsten Tag heimbringen sollen, aber da war gerade der Bombenangriff.

Wir waren in ihrer Wohnung in der Nähe der Annensäle, in dem Moment schlagt die Bombe ein. Es wäre uns nichts passiert, aber sie hat auf dem Kocher einen Topf heiße Milch aufgestellt. Die kochende Milch fliegt durch die Druckwelle zu uns herüber und trifft ihre Tochter. Das Dirndl hat so schwere

Verbrennungen erlitten, dass sie daran gestorben ist. Ich habe am gleichen Tag wieder zurück müssen ins Spital, weil meine Haut an den Oberarmen auch verbrannt war.

Fensterln und raufen

Durch unser Dorf ist ein Bach gelaufen, da war eine Brücke und auf dem Brückengeländer sind wir Jugendlichen am Abend immer gesessen. Das war am Abend der Treffpunkt für die Burschen.

Oft war ich so müde von der Arbeit, dass ich gesagt habe: „Heute komme ich nicht." Und dann bist am Abend doch wieder hingelaufen.

Auf der Brücke ist viel gesungen worden. Überhaupt haben wir Burschen jeder seine eigenen Jauchzer gehabt. Daran haben die anderen einen schon von weitem erkannt und genau gewusst, aha das ist der Groß und das ist der Weber.

Dann hat man gesagt: „Ich muss jetzt schlafen gehen!" In Wirklichkeit ist man zum Mensch, zum Dirndl, gegangen, fensterln. Dabei bist ja nie in ein Fenster hineingekommen, weil die Fenster so klein waren und überall war ein Eisenkreuz drinnen. Man hat nur hineingreifen können und etwas hineingeben oder sich an den Händen halten.

Wenn wir einen aus einem anderen Dorf bei uns beim Fensterln erwischt haben, den haben wir schon weggeholt. Der hat dann entweder fest zahlen müssen oder er hat Prügel gekriegt.

Untereinander haben wir nicht gerauft, das hätten die Eltern nicht zugelassen, das ganze Dorf hätte sich dagegen gewehrt.

Gerauft worden ist nur mit Burschen von außerhalb. Eigentlich ist bei jeder Unterhaltung früher oder später gerauft worden. Das hat einfach dazugehört. Wenn die Buam vom anderen Dorf gekommen sind und unsere Dirndln haben abschleppen wollen, da hat's immer gepasst zum Raufen!

Rotzige Kinder

Auf uns Kinder ist nicht so viel aufpasst worden wie heute. Wir sind im Winter auch barfuß in den Schnee hinausgerannt, da hat keiner etwas gesagt. Dann ist uns halt der Rotz hintergeronnen, aber krank waren wir nie.

Familie Solderer

Wenn uns kalt war, haben wir uns auf den Backofen gelegt, da oben war es schön heiß, besonders wenn gerade Brot gebacken worden ist.

Uns ist oft der Rotz hinuntergeronnen, da hast gar nicht hinausgesehen vor lauter Rotz! Da haben die Alten gesagt: „Das werden immer die schönsten Kinder, die am meisten rotzig waren."

Schneuztücheln habe ich selten gesehen, höchstens am Sonntag hat man eines eingesteckt gehabt. Sonst hat man die Kinder einfach in die Schürze geschneuzt. Jeder hat eine Arbeitsschürze gehabt, einen „Firta", und da haben sie die Kinder gleich einmal abgeschneuzt.

Der Most

Most war früher bei uns ein Getränk wie Wasser. Für viele Männer war der erste Weg in der Früh, noch bevor sie sich gewaschen haben, in den Mostkeller hinunter. Dann haben sie schon einmal einen Krug Most gesoffen!

Zum Frühstück hat es Sterz gegeben. Die Kinder und die Frauen haben Milch dazu getrunken und die Männer haben sich wieder einen Most auf den Sterz geschüttet.

Wenn sie auf dem Acker gearbeitet haben, ist ein Kind mit dem „Nachtragkrug" Most hinausgeschickt worden. Da war kein Henkel dran, sondern da hat man so in den Krug hineingreifen können. Wir Kinder haben uns immer beim Tragen abgewechselt und auf den letzten Metern ist immer darum gerauft worden, wer den Krug tragen darf und dem Vater geben.

Auch die Kinder haben Most getrunken. Kein Mensch hat etwas gesagt, wenn ein Kind ein bisschen Most getrunken hat.

Es ist nicht häufig vorgekommen, aber doch, dass kleine Kinder mit Most oder Mohn ruhiggestellt worden sind. Man hat ihnen ein Mohnzutzl gegeben und sie während der Arbeit unter einen Baum gelegt. Das war nicht überall so, aber passiert ist es doch hie und da.

Familie Malzer

Bad Gastein

Es erzählt: Julius Malzer, geb. 1922

Die Hasen, die Ferkel und der Garten

Ich bin 1922 in Kötschachdorf in Bad Gastein geboren. Unser Vater war Zimmermeister und hat einen eigenen Betrieb aufgebaut. Insgesamt waren wir zu Hause neun Kinder und haben mit dieser Kinderzahl in Gastein schon zu den kinderreichen Familien gehört.

In den 30er Jahren, da war die wirtschaftliche Lage besonders schlecht, da hat der Vater kaum Arbeit gehabt. Trotzdem war unsere Kindheit schön, auch wenn alles spärlich und ärmlich war. Aber als Kind hat man das nicht so gemerkt. Natürlich waren wir immer hungrig, ein Kind hat eben großen Appetit. Unsere Familie war so groß, da musste fast jeden Tag ein Laib Brot angeschnitten werden. Ich kann mich erinnern, dass wir uns immer um das Brotscherzl gestritten haben, das war am begehrtesten. Die Mutter hat das dann so eingeteilt, dass jeden Tag ein anderer das Scherzl gekriegt hat. So ist jeder einmal drangekommen.

In dieser Zeit bin ich bei meinem Vater in die Lehre gegangen. Als sein Sohn wurde ich strenger behandelt als jeder andere Lehrling. Wir haben so wenig Arbeit im Betrieb gehabt, dass ich die Zimmerei durch den Modellbau habe lernen müssen. Wir haben alles im Maßstab 1:10 nachgebaut, Dachstühle mit Quergiebeln, Blockbau, Riegelwandbau und alles andere. Als Aufträge haben wir damals höchstens Reparaturarbeiten gehabt, das richtige Handwerk kann man so nicht lernen. 1939 ist schlagartig alles besser geworden, plötzlich war so viel Arbeit da, dass wir sie gar nicht bewältigen haben können.

In der schlechten Zeit haben uns die Hasen, die Ferkel und der Garten durchgebracht. Für unseren Garten haben wir einmal im Jahr fruchtbaren Schlamm aus der Au heraufgebracht. Der Bach unten ist jährlich ausgeputzt worden und wir haben mit Scheibtruhen, da waren noch Holzräder dran mit Eisenringen, die schlammige Erde heraufgeführt. So haben wir immer fruchtbare Erde gehabt und die Erdäpfel und das Gemüse drauf angebaut.

Ferkel haben wir gehabt und Hasen auch. Für die Hasen, so circa dreißig Stück, war ich verantwortlich. Das Futter habe ich selbst zubereitet: Dafür habe ich Kleie mit heißem Wasser abgebrüht. Damit sind sie jeden Tag gefüttert worden.

Die Hasen waren nicht zum Kuscheln wie heute, überhaupt nicht. Die haben wir gezüchtet, damit wir Fleisch haben. Am Wochenende hat es bei uns meistens Hasenfleisch gegeben, die Mutter hat die Hasen in einer Soße zubereitet, das war sehr gut.

Disziplin beim Erdbeerpflücken

Erziehung war bei uns, was der Vater gesagt hat. Was der Vater gesagt hat, hat gegolten. Er war eine Respektsperson, er hat in der Familie in jeder Hinsicht das Sagen gehabt. Da ist nichts diskutiert worden. Nur Disziplin, Disziplin! Zruckreden war überhaupt kein Thema, auch wenn man innerlich gekocht hat, weil da hätte man gleich eine „Tetschn" gehabt.

Wir sind mit viel Disziplin, fast militärisch, aufgewachsen. Unser Vater ist als junger Mann Vorturner gewesen. Deshalb hat er auch alle seine Kinder zum Turnen erzogen. Er hat im Garten ein Reck gebaut, dort haben wir alle Tage in Reih und Glied antreten müssen, auch die Mädchen. Die Kleineren hat er hinaufgehoben, die haben leichtere Übungen gehabt. Wir Älteren haben schon den Bauchaufzug gekonnt und die Knierolle. Man kann wirklich sagen, das Reckturnen haben wir vom Vater gelernt.

Ich war der Älteste und hab schlichten müssen, wenn gestritten worden ist. Ich war verantwortlich für die anderen, ich hab müssen der Gescheiteste sein. „Warum hast net aufgepasst!", hat es sonst geheißen. Der Vater hat das den Geschwistern schon eingebläut, dass sie horchen auf mich. Dadurch war ich auch immer brav, weil ich gedacht habe, ich muss ein Vorbild sein.

Wenn im Sommer die Erdbeeren im Garten reif waren, war ich derjenige, der sie ernten durfte. Dabei habe ich alle in einen Korb hineingeben müssen, aber es war nicht erlaubt, eine einzige zu essen! Ich habe auch wirklich keine gegessen, ich hätte mich das gar nicht getraut. Ich habe gewusst, dass der Vater mich ab und zu beobachtet, und habe gefürchtet, dass er vom Haus herschaut. Einmal hab ich es doch probiert und eine Erdbeere genascht, da hat er das Fenster schon offen gehabt.

Die Erdbeeren haben dann nur wir Kinder gegessen. Der Vater hat sie gerecht aufgeteilt, genau in sieben Teile, damals waren wir sieben, und jeden Teil noch extra abgewogen.

Samstag war Badetag

Jeden Samstag zu Mittag hat es bei uns daheim das Gleiche gegeben, roggene Nudeln mit Sauerkraut. Das sind Rohrnudeln, sie schauen so ähnlich aus wie Buchteln, sie werden aber nicht gefüllt und ohne Zucker, dafür mit Salz zubereitet.

Am Samstag Nachmittag war immer Putztag. Dann hat die Mutter das Haus gründlich durchgeputzt, alle Holzbetten geschrubbt, alle Böden gewaschen, alles sauber gemacht. Anschließend sind wir Kinder gewaschen worden. Am Samstag war für uns Badetag. Zuerst haben wir Kinder das Wasser mit den Fässern in den Waschraum gebracht. Dort hat die Mutter das Wasser im Waschkessel aufgeheizt. In einem großen Holzbottich sind wir dann der Reihe nach gebadet worden. Ich als Ältester bin zuerst drangekommen. Dann aussi und der nächste! So ist es weitergegangen bis zum Jüngsten.

Das war eine gründliche Reinigung! Am Samstag ist auch Seife verwendet worden, unter der Woche war das nicht der Fall. In der Früh hat sich jeder nur schnell in einem Lavoir ohne Seife gewaschen. Das war halt eine Katzenwäsche.

Jeden Monat einen Gugelhupf

Bei uns daheim ist nur der Namenstag gefeiert worden, wie es früher üblich war. Geschenke hat es keine gegeben, aber jeder hat an seinem Namenstag einen Gugelhupf bekommen. Den hat die Mutter extra gebacken. Der Geburtstag ist uns überhaupt nicht bewusst gewesen. So wie heute der Namenstag, den feiert ja keiner mehr.

Ich, als ältester Sohn, war mit dem Vater namensgleich. Er hat auch Julius geheißen. Jetzt hab ich mit dem Vater gemeinsam einen Gugelhupf gekriegt. Da hab ich mich schon immer benachteiligt gefühlt. Obwohl, der Gugelhupf ist natürlich immer unter allen Familienmitgliedern aufgeteilt worden. Genaugenommen hat es also keine Rolle gespielt, wenn ich um meinen eigenen Namenstagsgugelhupf umgefallen bin.

Familie Malzer

Bei so einer großen Familie wie unserer ist fast jeden Monat ein Gugelhupf gemacht worden. Jänner, März, Mai, Juni, Juli, Oktober, November, immer hat einer Namenstag gehabt. Und für sich selber, an ihrem eigenen Namenstag, hat die Mutter selbstverständlich auch einen Gugelhupf gebacken.

Der Sautrank aus dem Hotel

Der Vater hat ein Leiterwagerl gebaut, da haben genau zwei große Fässer draufgepasst. Damit sind wir Buben jeden Tag zum Dorfbrunnen gegangen, um Wasser zu holen, weil wir im Haus kein Wasser gehabt haben.

Aber das Wagerl hat noch einen anderen Zweck erfüllt. Wir haben damit für unsere zwei Ferkel Küchenabfälle aus den Hotels in Bad Gastein geholt. In großen Blechfässern durften wir die Abfälle, den sogenannten Sautrank, in den Hotelküchen abholen. Das war natürlich nicht bei Tag möglich! Denn in der Hotellerie ist es fein zugegangen!

Mein Bruder und ich sind also am Wochenende um fünf Uhr in der Früh von zu Hause losgezogen und sind mit dem Wagerl hinauf nach Gastein gewandert. Das war eine dreiviertel Stunde bergauf, wir haben im Tal unten gewohnt, und später genauso lang mit den vollen Fässern bergab. Das war ganz schön anstrengend!

Wir sind dann zu zwei oder drei Hotels gegangen, wo wir den Sautrank bekommen haben, das war ein richtiger Gatsch. Das hat schnell weg müssen, das war ja „stinkad".

Meine Großmutter war Zahlkellnerin im Hotel Gasteinerhof. Sie hat für uns immer den Kaffeesud aufbehalten und nach der Schule haben wir den holen müssen. Die deutschen Gäste haben keine Zuckerstücke genommen zum Kaffee, die hat sie auch für uns auf die Seiten getan.

Die Mutter hat den Kaffeesud noch einmal aufgekocht, und zwar mit Kathreinerkaffee. Den hat sie selbst gemacht, dafür hat sie Korn im Ofen geröstet. Wir Kinder haben den Kathreinerkaffee gekriegt und die Eltern haben ein bisschen Bohnenkaffeesud dazugegeben.

Familie Malzer

Ranggeln am Schulweg

Unser Schulweg in die Hauptschule nach Hofgastein war eineinhalb Stunden zu Fuß. Von unserer Familie waren gewöhnlich vier und von der Nachbarschaft drei Kinder ab halb sieben unterwegs. Das war eine eingeschworene Gruppe aus unserer Ortschaft Kötschachdorf, die wir alle Tage marschiert sind.

Durch's erste Ortschaftl durch und schon sind die ersten Streitereien aufgekommen. Und aus so einer kleinen Streiterei unter uns Schulkindern ist gleich einmal eine kleine Rauferei geworden. Dann haben wir geranggelt, das war so üblich bei uns. Freistilringen nennt man das heute. Sieger ist, wer den anderen unten einibringt. Am besten geht das mit gutem Wurf, dann hat man gesiegt. Die Buben haben das heute noch in sich! Es geht immer darum, wer der Stärkere ist.

Familie Malzer

Schifahren

Schifahren hab ich schon mit vier Jahren gelernt. Das hat dazugehört, das war bei uns im Gasteinertal eine Selbstverständlichkeit. Wenn das Wetter schön war, ist man am Nachmittag Schifahren gegangen. Mit dem Schifahren sind wir aufgewachsen und auch mit dem Berggehen. Ich war mit acht Jahren und eine Schwester schon mit sieben Jahren auf dem Gamskarkogel, unserem Hausberg! Die Eltern waren begeisterte Berggeher und da sind wir Kinder natürlich mitgegangen. Das war unser Freizeitvergnügen.

Das Schifahren war damals eine andere Sache als heute, denn die Ausrüstung war schlecht und die Kleidung auch. Beim Schifahren ist es einem immer kalt gewesen! Man hat ein selber gestricktes Jankerl angehabt und ein selber gestricktes Stirnbandl, keinen Anorak. Dann eine Lederhose und drunter eine gestrickte Unterhose. Wenn man heimgekommen ist, war man weiß vom Reif. Und wenn man gestürzt ist, hat man ausgeschaut wie ein Schneemann.

Jedes Jahr hat die Volksschule ein Schirennen veranstaltet. Die Sieger in der größeren Gruppe haben ein Paar Schi bekommen. Das war schon etwas Besonderes, fast ein Luxus. Denn nicht jede Familie hat den Kindern Schi kaufen können. In einem Jahr bin ich Sieger geworden! Jetzt hat sich ausgerechnet bei diesem Rennen ein Schüler die Schi abgebrochen. Das war ein ganz armer Bub und deshalb haben sie mich gefragt, ob ich nicht für ihn auf die neuen Schi verzichte. Ich hab gewusst, der kann sich keine neuen Schi mehr leisten und so hab ich verzichtet.

Ich habe mir dann vom Tisch mit den anderen Preisen etwas aussuchen können. Ich weiß noch genau, ich habe mir ein schönes Taschenmesser genommen.

Familie Zeiler

vulgo Graßl, Niederöblarn

Es erzählt: Konrad Zeiler, geb. 1936

Das Zithertischerl im Baum

Wir haben in der Familie sehr viel gesungen. Auf'd Nacht, bevor wir eingeschlafen sind, haben wir fünf Buben noch im Bett ein paar Liedln gesungen. So aufwachsen, das war schön!

Wenn wir Brüder irgendwo hingekommen sind, dann haben wir „zammgsungen". Da hat es kein Herumprobieren gegeben, der eine hat den Tenor gesungen, der andere den ersten Bass, einer den zweiten Bass, die zweite, die dritte Stimme. Das war eine schöne Zeit, die hat aber nicht lange gedauert, weil mit 20, 21 Jahren sind's halt auch ausgeflogen, die Vögel.

Natürlich haben wir auch beim Arbeiten gesungen, alleine, zu zweit oder mehrere. Wie's uns eingefallen ist. Wenn dir ein Lied eingefallen ist, dann hast halt grad gesungen!

Dann, mit zwölf Jahren, habe ich Zither gelernt. Da bin ich auf die Idee gekommen, dass ich mir oben in einem Baum ein Tischerl baue, damit ich dort Zither spielen kann. Ich bin ja immer viel in den Bäumen herumgeklettert. Für mich war das einfach selbstverständlich, dass man auf jeden Baum hinaufkraxelt. Jetzt habe ich mir da, auf zehn Metern Höhe, ein Sitzerl gebaut und ein Tischerl gemacht und dort oben wollte ich Zither spielen. Aber als der Vater das gesehen hat, hat er sich gefürchtet, dass ich herunterfalle. Der ist sonst nie auf keinen Baum geklettert, aber das eine Mal ist er hinauf und hat alles abmontiert. Dabei habe ich mir nicht im Entferntesten gedacht, dass ich da herunterfliegen könnte!

Familie Zeiler

„Der Vochtel treibt's Handwerk"

Wir Kinder waren von klein auf eingespannt in den Arbeitsprozess. Wir haben die Arbeit gemacht, die zumutbar war.

Die kleinen Kinder haben sich noch sehr viel in der Nähe vom Haus, bei der Bäuerin, aufgehalten. Mit acht, neun Jahren sind wir dann schon mit dem Vater und den Knechten mitgegangen. Wir haben allerhand mithelfen dürfen, Äste tragen und solche Sachen, wir haben uns halt eingebildet, wir arbeiten.

Wie wir älter geworden sind, haben wir schon gewusst, wie alles geht. Wir haben uns viel bei den Knechten abgeschaut, die haben beim Arbeiten viel Routine gehabt. Im Volksmund heißt's: „Der Vochtel treibt's Handwerk", der Vorteil treibt das Handwerk. Und so ist das auch, wenn ich einen Bloch bewegen will, muss ich wissen, wie das geht.

Wir Kinder haben das, was einem anvertraut und auferlegt worden ist, ernst genommen. Man hat gewusst, man kann das, und hat das als Auftrag empfunden. Wir haben uns immer bemüht, gewissenhaft zu sein, auch weil man dauernd unter der Aufsicht der Älteren gestanden ist.

Vater, Sohn und die Technik

In dem Jahrzehnt 1950 bis 1960 haben die meisten Bauern einen Traktor gekriegt. Die technische Entwicklung in dieser Zeit war so stürmisch, dass nur mehr meine Generation da mitgekommen ist. Die Technik in der Familie haben die großen Buam übernommen. Für die alten Leute war die Umstellung vom Ross auf den Traktor nicht mehr möglich.

Ich erinnere mich an eine Episode, wo wir zum Vater gesagt haben, er soll jetzt auch einmal mit dem Traktor fahren. Wir haben schön den ersten Gang eingelegt und er hätte nichts anderes tun brauchen, als mit wenig Gas neben der Wiese langsam entlangzufahren. Er hat nicht einmal das geschafft, ganz unmöglich. Ich hab' gesagt: „Vater, das müsstest schon zammbringen, das gibt es ja nicht!"

Aber von dem Tag an ist er nie wieder auf einem Traktor gesessen, das war ein spanisches Dorf für ihn!

Familie Zeiler

Das tägliche Brot

Wir haben alles selber gehabt, Roggen für das Brot, Gerste für Kleie und Schrott, Weizen für das „Muas" zum Frühstück und das Weißbrot, Sommergetreide, Wintergetreide, alles ist in den Troadkasten, den Getreidekasten, gekommen. Im Herbst ist das Getreide gedroschen worden und dann in unserer Mühle gemahlen. Wenn Zeit zum „Einmahlen" war, hat der Onkel das Mehl für den ganzen Winter gemahlen. Wir Buben haben mit dem Ross das Getreide zur Mühle geführt, sie war zwei Kilometer vom Elternhaus entfernt, und der Onkel hat dann vierzehn Tage oder drei Wochen gearbeitet. Er hat dort ein kleines Kammerl gehabt und ist sogar manchmal über Nacht geblieben.

Familie Zeiler

Im Haus haben wir zwei Mehltruhen gehabt, die waren so drei Meter lang und angefüllt mit Roggenmehl, Weizenmehl, mit Grieß, wie wir es halt gebraucht haben.

Zum Frühstück hat es, wie es früher in unserer Gegend bei den Bauern üblich war, „Muas" mit Schottsuppe gegeben. In die Schottsuppe hat man schwarzes Brot hineingeschnitten. Der Schotten ist ein Milchprodukt, das im Sommer auf der Alm gemacht worden ist. Das schwarze Brot ist nur aus der Kleie gemacht worden, aus der Roggenkleie. Es wird wohl so gewesen sein, wie heute das Vollkornbrot. Heute musst du teuer dafür zahlen und die Leute früher haben wahrscheinlich gar nicht gewusst, wie gesund das ist.

In die Schule haben wir Kinder nur ein Stückl trockenes Brot mitgekriegt. Unsere Mama hat uns nie Butter aufstreichen lassen, obwohl wir es uns hätten leisten können. Während dem Krieg und danach waren die Lebensmittel ja knapp und kontingentiert und viele Familien haben nur wenig Butter gehabt. Damit die anderen Kinder keine langen Zähn' kriegen, haben wir nur trockenes Brot und vielleicht einen Apfel oder eine Birn' als Jause mitgekriegt.

Mit meinem Freund, dem Sepp, habe ich aber doch meistens die Jause getauscht. Er hat ein Bäckerbrot mitgehabt, das war mir seltsam, und ich ein Bauernbrot, das war für ihn neu, und so haben wir unser Brot getauscht.

Dann ist die Zeit gekommen, wo die Leute Hunger gelitten haben. Da sind die versprengten Soldaten zu uns gekommen und die Flüchtlinge, später die Leute aus den Städten. Alle Tag sind acht bis zehn Leute gekommen und haben um Essen gebettelt, um ein Stückerl Brot, um ein Häferl Milch oder um Erdäpfel. Bei uns hat jeder was gekriegt! Einmal hätte eine Familie ihren ganzen Familienschmuck für Essen angeboten! Aber die Mama hat nichts angenommen. Sie hat ihnen trotzdem etwas gegeben. Das war die Einstellung von meiner Familie! In der Nachkriegszeit hast du für ein Kilo Brot alles gekriegt und für Geld hast du nichts gekriegt.

Man soll diese Zeiten nicht vergessen! Wenn man den Leuten heute zuschaut beim Einkaufen: das passt nicht und das passt nicht und nachher wird viel weggeschmissen, da missachtet man das tägliche Brot. Und wer kann garantieren, dass nicht wieder so eine Zeit kommt?

Familie Zeiler

Die Zeit, als noch der Storch die Kinder gebracht hat

Wir haben nicht so recht gewusst, wo die Kinder herkommen, das war ein Tabuthema. Es hat halt an der richtigen Aufklärung gemangelt. Das war nichts für Kinder, gach ist es halt da gewesen, das ist dein Brüderlein! Wo ist er denn hergekommen? Darüber hat man nicht geredet.

Die Fabel mit dem Storch hat auch nicht mehr so ganz hingehaut, aber auf einem Hof ist immer so ein Getriebe gewesen, eine Turbulenz, so viele Dinge haben sich da abgespielt, dass man das gar nicht so beachtet hat, wenn wieder Nachwuchs unterwegs war. Und gach war er halt da!

Die Dienstboten

Wir haben immer zwei, drei Knechte gehabt, eine Sennerin und zwei Dirnen. Das Gesinde hat bei uns am Familientisch mitgegessen. Das war nicht überall so. Woanders haben die eigenen Leute etwas Besseres zu essen bekommen als die Dienstboten und sie waren auch nicht zusammen an einem Tisch. Bei uns, in der großen Wohnstube, am großen Tisch, sind alle miteinander gesessen: Mutter, Vater, acht Kinder, der ledige Onkel und das Gesinde.

Die Dienstboten haben sich bei uns zum Haus dazugehörig gefühlt. Der Vater hat sie gut behandelt, sonst wären sie auch nicht so lange geblieben. Die Sennin war 30 Jahre bei uns! Sie war für uns wie eine Großmutter, fast ein Familienmitglied.

Später, wie man die Knechte und die Dirnen nicht mehr so gebraucht hat, haben sie bei uns trotzdem bis zur Pension bleiben können.

Früher, wenn die Dienstboten alt geworden sind, sind sie Einleger geworden. Sie haben alle 8 Tag' oder alle 14 Tag' von Bauer zu Bauer ziehen müssen. Dort haben sie meistens im Stall geschlafen, das war wirklich keine gute alte Zeit!

Der Störschuster

Jedes Jahr, ein paar Wochen vor Weihnachten, ist der Schuster zu uns auf Stör gekommen. Alle, die im Haus gelebt haben, haben ein Paar neue Schuhe bekommen, die Eltern, der Onkel, der Moarknecht, der Hintermoarknecht, der dritte Knecht, die Sennin, der Hüterbub und wir acht Kinder. Der Schuster und sein Gehilfe sind vierzehn Tage bei uns am Hof geblieben und haben ohne Unterbrechung gearbeitet. Dann war es so weit. Er hat alle Schuhe der Reihe nach aufgestellt, von den ganz großen, mein Onkel hat Größe 47 oder 48 gehabt, bis zu den ganz kleinen Kinderschucherln. Die Schuhe sind ausgeteilt worden und wir haben wieder ein ganzes Jahr mit dem neuen Paar auskommen müssen.

Der Kramer

Unser Kaufmann war ein richtiger Kramer, der hat für seine Kundschaft alles gehabt. Er hat eben vorgesorgt, vom Nagel bis zum Zutzerl für die Kinder und bis zum Zylinder für die Petroleumlampe war alles da. Das war ja eine Katastrophe, wenn bei der Petroleumlampe der Zylinder kaputt war, weil du zu der Zeit keinen gekriegt hast!

In der Früh, beim Schulgehen, hat uns die Mama einen Zettel mitgegeben mit den Sachen, die sie braucht. Wenn wir bei dem Geschäftl vorbeigegangen sind, haben wir den abgegeben und nach der Schule alles abgeholt. Zu Mittag hat er zwar zugesperrt gehabt, aber unsere Sachen hat er vorher schon zusammengepackt und in ein Fensterl gestellt, damit wir sie mitnehmen können.

Ich erinnere mich, ein Zutzl für das Zutzflaschl, das war ein Produkt, das du einfach nicht gekriegt hast. Wenn du woanders hingegangen bist, zum Kaufmann nach Öblarn, dann haben sie gesagt: „Haben wir nicht!" Dort warst du keine Kundschaft und deshalb hast du es nicht bekommen.

Das Gleiche war mit Fensterglas. Wir Buben haben mit den Bällen herumgeschossen und da ist halt manchmal ein Fenster zerschlagen worden. Das war ein großes Malheur! Aber unser Kaufmann, der hat alles gehabt, auch Fensterglas.

Der Kletzenloab

Zu Weihnachten hat jeder von uns Kindern und jeder vom Gesinde einen Kletzenloab bekommen. Am Heiligen Abend ist extra ein besonders großer Kletzenlaib auf den Tisch gekommen, „Nachtloab" hat der geheißen. Der Moarknecht hat den angeschnitten und der Keil oder der „Schwachtling", wie man sagt, hat dann ihm gehört, auch die anderen haben ihren Teil gekriegt. Eine Butter hat es dazu gegeben und einen Tee und ein Schnapsl.

Der Hauptbestandteil für das Kletzenbrot waren die Kletzenbirn und, wenn du Glück gehabt hast, waren noch ein paar Feigen oder ein paar Weinbeern dabei. Während der Kriegszeit hast du ja nichts zu kaufen gekriegt, keine Zibeben und auch keine Weinbeeren. Nur ganz selten, wenn die Mama solche Sachen ergattert hat, sind sie halt doch hineingekommen.

Von unserem großen Birnbaum haben wir immer die schönsten Birnen für das Kletzenbrot auf die Seite getan. Wir haben eine Darrhütte gehabt, da sind die Birnen auf mehreren Etagen vier, fünf Tage getrocknet worden.

Nüsse hat die Mama auch immer irgendwo hergekriegt, Kletzen haben wir selber gehabt und gut wars, unser Kletzenbrot!

Palmbuschtragen

Das Palmbuschtragen war eine Ehrensache für die Kinder. Der Vater hat immer am Palmsamstag Nachmittag die Palmbuschen für uns gemacht. Da ist schon Feiertag gewesen, er hat nicht mehr arbeiten brauchen und da hat er Zeit gehabt. Wir haben so besonders rote Äpfel gehabt, die fast wie Granatäpfel ausschauen, die haben wir bis in den Mai hinein zurückbehalten. Diese Äpfel sind auf den Palmbuschen gekommen, Palmkatzerln natürlich auch, dann noch Buchsbaum und ein Bandl zum Verzieren. Für die größeren Kinder hat der Vater einen längeren Stecken genommen, damit sie in der Kirche höher hinauflangen, und für die kleineren einen kürzeren. Jedes Kind, das imstand' war, einen Palmbuschen zu tragen, ist mitgegangen.

Wenn wir von der Kirche daheim waren, dann hat jeder drei Mal um ein Gebäude herumlaufen müssen. Mein Bruder ist drei Mal um den Rossstall gelaufen, das ist alles beaufsichtigt worden. Dann hat jedes Kind von der Mama zwei rote Eier gekriegt, so war der Brauch. Das war damals etwas Besonderes, ein rotes Ei!

Die Palmkatzln vom Palmbuschen sind bis Weihnachten aufbewahrt worden. Ein Teil ist auf die Felder gesteckt worden, dass der Hagel und der Schauer keinen Schaden anrichtet, ein Teil ist beim Rauchengehen verbrannt worden. Mein Onkel ist mit der Rauchpfanne gegangen, der Moarknecht mit dem Weihbrunn und wir Kinder hintennach, wir haben halt die Palmkatzln tragen dürfen. Die und alles, was noch vom Palmbuschn übrig war, sind in die Glut gekommen.

Familie Zeiler

Lausbubenstückln I

Der Großvater hat alles für die Jagd daheim gehabt: Vorrichtungen zum Kugelgießen, Patronen und Zündkapseln. Da bin ich halt gach einmal zu den Kapseln dazugekommen, das sind die Zündkapseln, die hinten bei dem Patronen drinnen sind, und hab' mit dem Hammer fest draufgehaut. Ja, das macht einen gescheiten Kracher! Ah, das ist was!

Jetzt hab' ich die Kapseln in die Schule mitgenommen und während der Stunde sag' ich zu meinem Nebensitzer, dem Sepp: „Jetzt haust auffi!" Wir haben es schon vorher ausprobiert, er hat gewusst, wie das geht. Das hat einen Tuscher gemacht! Was glaubst denn! Das waren Lausbubenstückerl, aber gscheite.

Die Lehrerin ist bei der Tafel draußen gestanden und wär' bald in Ohnmacht gefallen. Sie dreht sich um: „Wer war das!" Wir haben gar nicht aufzeigen brauchen, weil bei uns ist schon eine Rauchwolke aufgestiegen. Jetzt aber, mein Lieber! Das war so eine junge Lehrerin, eine rasante. Wir haben hinaus müssen und sie hat den Haselstecken geholt. Wir hätten uns über die erste Bank drüberlehnen sollen, damit die Hosen schön gespannt sind. Geschrien hat sie mit uns, aber wir haben es nicht getan. Da hat sie den Sepp beim Genick gepackt, hat ihn hinübergebogen und hat mit dem Stecken zugehaut. Beim zweiten Mal ist der schon abgerissen, jetzt hat sie nur mehr so ein kleines Stumperl gehabt und hat halt mit dem zugehaut. Sie war zornig, sie hat geschrien und zugehaut, was sie können hat, aber wir haben nix gespürt. Wir haben den Arsch eingezogen und uns sowieso nicht über die Bank gelegt. Dann haben wir heimgehen können.

Viele Jahre später habe ich sie einmal gefragt: „Rosa, kannst dich noch erinnern?" Freilich, das war schon arg und ich habe mich später auch bei der Lehrerin, der Rosa, entschuldigt. Aber lustig ist es doch gewesen!

Lausbubenstückln II

Mitten im Dorf war eine alte Schmiede. Der Schmied hat ganz schwarze Augen gehabt und so buschige Augenbrauen, vor dem Mandl haben wir Kinder uns gefürchtet.

Jeder Schmied hat einen Wasserantrieb für den Hammer gehabt. Dort ist vom Bach ein künstliches Gerinne, ein Fluter, abgeleitet worden, der ist bei der Schmiede vorbeigeronnen. Wenn das Wasser auf das Mühlrad gekommen ist, dann hat das eine Schlagkraft von mehreren hundert Kilo gehabt. Der Schmied hat den Hammer nur dann angelassen, wenn er Eisen zum Schmieden gehabt hat.

Jetzt kommen wir, der Sepp und ich, in der Mittagszeit vorbei, der Schmied war nicht da und wir lassen den Hammer an. Bumm, bumm ist der losgegangen. Der Hammer hat auf den Amboss gehaut! Natürlich kommt sofort der Schmied daher und wir laufen weg. Dann komm' ich drauf, dass ich meine Schultasche in der Schmiede vergessen habe! Wenn ich jetzt da hineingeh', krieg ich ein paar, hab ich mir gedacht. Und ohne Schultasche kann ich nicht heimgehen!

Wir haben so lang umadumgepasst, bis der Schmied wieder zu arbeiten angefangen hat. Ich habe mich trotzdem nicht hineingetraut. Aber der Sepp, der war schneidig! Ich bin heimgegangen und er hat sowieso im Dorf gewohnt. „Sepp", sag ich, „sei so lieb, dass'd die Schultasche erwischt!"

Er ist dann wirklich hinein, hat die Schultasche erwischt, aber das Mandl ist grad so schnell gewesen und hat ihn schon gehabt. Jetzt hat er eine Tachtel gekriegt für mich und dann erst hat er ihm die Schultasche gegeben.

Lausbubenstückln III

Sind wir bei einem Garten vorbeigekommen, da waren so gute Birnen drinnen! Zum Teil sind sie auf die Straße gefallen und zum Teil hinter den Zaun. Die auf der Straße waren ganz matschig, aber die im Garten waren unverletzt. So gute Birnen!

An dem hohen Zaun sind wir jeden Tag vorbeigekommen. Einmal sind halt mehrere Kinder zusammengekommen, der Zaun war eh schon ganz modrig, wir lehnen uns an und der fallt praktisch von alleine um. Ein Stück, so drei Meter breit, war jetzt offen und wir hupfen schnell hinein und jeder hat sich ein paar Birnen genommen. Dann sind wir in die Schule gegangen.

Die Besitzerin hat das aber gesehen und ist in die Schule nachgekommen. Wir haben Birnen gestohlen und den Zaun haben wir auch niedergemacht, sagt sie zum Lehrer. „Ist das wahr?", fragt der. Wir haben uns gleich gemeldet. „Aber der Zaun ist von alleine umgefallen!", haben wir gesagt. Ein paar Kinder zu viel und der ganze Zaun fallt um, der muss nicht mehr ganz gut auf den Füßen gewesen sein. Was tun wir mit den Birnen? „Die Birnen könnt's euch behalten", hat sie gesagt, „aber ein zweites Mal darf das nicht mehr passieren!"

Der Lehrer hat uns dann noch eine lange Predigt gehalten, wir dürfen nicht stehlen. So war das! Heute liegen die Birnen umeinander und kein Kind buckt sich danach! Und wir sind so scharf darauf gewesen, weil die fremden Birnen sind immer besser gewesen als die eigenen.

Familie Wörnschiml

Eisenerz

Es erzählt: Hubert Wörnschiml, geb. 1939

Die erste Kindheitserinnerung

Wie sie den Vater vom Erzberg heruntergebracht haben, bin ich mit meiner Mutter bei der Talstation gestanden. Ich war damals viereinhalb Jahre alt und das war meine erste Kindheitserinnerung. Ich habe zugeschaut, wie sie ihn mit dem Wagen herausgebracht haben und mit der Rettung weggeführt. Das war furchtbar, ich habe geglaubt, dass der Vater stirbt.

Der Unfall ist im Abbau in der Grube „Christoph" passiert, gleich nach dem Schießen. Durch die Sprengung löst sich das meiste Gestein, aber einen Teil muss man händisch wegbrechen. Dabei muss man in den Abbau hinaufsteigen und das Gestein lösen, damit man dort wieder sicher arbeiten kann. Wie mein Vater dort oben ist, löst sich auf einmal ein großer Knauer, ein großer Erzmugl! Er hat ihn noch gesehen und rennt davon und im Laufen hat ihn der Knauer am Rücken getroffen. Er hat es nicht mehr rechtzeitig geschafft! Den fünften Lendenwirbel hat er sich gebrochen!

Ich kann mich noch genau erinnern, der ganze Brustkorb bis zum Hals herauf war in Gips. Danach hat er ein steifes Korsett aus Leder bekommen, das hat er einige Jahre tragen müssen.

Das war im 44er Jahr. Im Februar ist meine Schwester geboren worden und im Mai ist der Unfall passiert. Die Folgen haben wir natürlich auch finanziell gespürt. Zuerst war mein Vater Hauer, da hat er gut verdient, und nach dem Unfall hat er als Pulvermanipulant arbeiten müssen, das war eigentlich eine minderwertige Tätigkeit.

Einmal hat meine Mutter Brot aufgeschnitten. „Ich habe Hunger. Ich möchte ein Brot!", habe ich gesagt. Da hat sie mir ein Stück gegeben. Ich weiß noch, als ob es heute wäre, ich bin damit zum Fenster gegangen und habe zur Mutter gesagt: „Schau! Da seh' ich ja durch!" So dünn war das Brot!

Familie Wörnschiml

Der Vater

Der Vater ist 1907 geboren, er war ein lediges Kind. Er ist in Großraming aufgewachsen und wie daheim kein Platz mehr war, hat er mit 15 Jahren weg müssen. Zuerst ist er zu den Bauern „tagwerchen" gegangen, tageweise arbeiten, nur für die Kost, Geld hat es keines gegeben.

Mit 16 ist er nach Mühlbach am Hochkönig in den Kupferbergbau, aber da war er nicht lange, dann haben sie ihn wieder abgebaut. Dann hat er in einer Säge gearbeitet und dann in einem Gasthaus als Hausbursche. Da war er für alles zuständig!

Mein Vater hat ja alles können, Sau abstechen, Schuhe flicken, Körbe flechten. Er hat keinen erlernten Beruf gehabt, aber viele Fertigkeiten! Als Hausbursch hat er in der Schank genauso stehen müssen wie im Stall, denn früher hat ein Landgasthaus immer auch eine Wirtschaft dabei gehabt.

Später ist er noch Holzknecht geworden, dann ist er nach Eisenerz gegangen. Bevor er geheiratet hat, hat er eine Zeitlang im Burschenhaus gewohnt und da hat er auch noch kochen gelernt. Dort haben vier bis sechs Burschen in einem Zimmer miteinander gewohnt und alle miteinander haben eine Gemeinschaftsküche gehabt. Mein Vater hat alles kochen können, Erdäpfelknödel, Semmelknödel, Grießknödel und Gulasch! Die Tirolerknödel bei uns daheim hat immer er gemacht. Die Mutter war auch eine gute Köchin, aber gewisse Sachen hat nur er gekocht!

Das Verhältnis zum Vater war schon gut, aber nicht so wie es heute ist, auf „Du" und „Du". Er hat oft gesagt: „Bua lern! Bua lern!" Er hat aus eigener Erfahrung gewusst, dass du nur so für deine Familie etwas besser machen kannst.

Waschen, schnäuzen, kampeln

Worauf der Vater großen Wert gelegt hat, war „waschen, schnäuzen, kampeln"! Wir sind damals zwar bloßfüßig mit der Lederhose in die Schule gegangen, aber wir waren sauber beieinand. Wenn du dich ausgezogen hast, ist das Gwand sofort in den Kasten gekommen, das hat's nicht gegeben, dass es in der Wohnung herumgelegen ist. Und dann war noch etwas wichtig: Wochentag ist Wochentag und Sonntag ist Sonntag! Ich habe schon als Kind ein fesches Sonntagsgwand gehabt, eine Knickerbocker. Wir haben zwar nicht viel Geld gehabt, aber zur

Firmung habe ich einen Steireranzug gekriegt. Und mit 16 Jahren habe ich mir von meinem ersten eigenen Geld einen Kasten kaufen müssen.

Sauerampfer, Röhrlsalat und Brennnessel

Wir haben sicher Hunger gelitten, keine Frage. Im Sommer haben wir den Sauerampfer gegessen, halb für den Gusto und halb weil wir hungrig waren. Genauso Akazienblüten und die Bockerborschtn, das war eine gelbe Blume, da hast den Kopf weggerissen und den Stengel gegessen. Der war ganz weich und süß.

Das Erste im Frühjahr war immer das Röhrlsalatstechen, daraus hat die Mutter Salat gemacht. Dann Brennnesseln und Schlüsselblumenblattln für den Spinat.

Wenn es Zeit für die Himbeeren und die Schwarzbeeren war, sind wir mit den Keksdosen gegangen. Wir haben nach dem Krieg von den Engländern Keksdosen bekommen, da haben sicher 15 Liter drinnen Platz gehabt. Die haben wir in unseren Rucksack gesteckt, dann sind wir hinübermarschiert Richtung Zeiritzkampel, dort auf den Weidböden waren immer unheimlich viele Schwarzbeeren. Wir haben einfach unter einer Fichte übernachtet und sind erst am nächsten Tag wieder heimgegangen, weil es doch ein recht weiter Weg war. Da werden wir so zehn, zwölf Jahre alt gewesen sein.

Das war zwar Freiheit für uns, aber auch eine Zwangsbeglückung, denn es war viel Arbeit. Die Beeren haben wir teils verkauft, damit wir uns ein bisserl Geld verdienen, und aus einem Teil hat die Mutter Marmelade und Saft gemacht und ein paar sind auch getrocknet worden, fürs Kletzenbrot und als Arznei.

Ein Garten und ein Erdäpfelacker

Wir haben zwar in einer Arbeitersiedlung gewohnt, aber wir waren praktisch Selbstversorger. Wir haben einige Gärten gehabt, einen Krautacker und einen Erdäpfelacker und davon haben wir gelebt. Sogar Tabak hat mein Vater im Hausgarten angebaut, den hat er dann auf dem Dachboden zum Trocknen aufgehängt und dann wurde damit die Pfeife gestopft.

Aus dem Kraut haben wir in der Waschkuchl Sauerkraut gemacht. Wir Kinder sind mit den nackerten Füßen in den Sauerkrautbottich hineingestellt worden und dann haben wir fest getreten. So war das damals.

Ein Bauer hat uns erlaubt, dass wir auf seinem Acker Erdäpfel anbauen dürfen, dafür haben wir im Gegengeschäft für ihn gearbeitet. Die Bauern waren damals ja froh, wenn sie eine Arbeitskraft bekommen haben. Ich war mit neun, zehn Jahr schon zum Heuen zu gebrauchen, ich bin auch mit dem Ross gegangen und wenn es zum Ackern war mit dem Ochsen.

Dann war's im Herbst wieder zum Äpfelbrocken oder zum Troadarbeiten. Bei uns in der Gegend haben die Bauern mit einer Windmühle das Spreu vom Weizen getrennt. Das war so ein manngroßer Kasten, drinnen waren lauter Siebe. Wir Kinder mussten in das Windrad hineinsteigen und innen drehen. Durch das Drehen wurde Wind erzeugt und so das Windradl in Betrieb genommen. Durch den Wind ist die Spreu davongeflogen. Das war eine typische Kinderarbeit.

Blumenbrocken am Muttertag

Muttertag, das war für uns Blumenbrocken. Wir haben der Mutter von den Kesselmauern einen Petergstamm geholt. Das war natürlich eine Kletterpartie, eine ungesicherte, aber an die Berge waren wir von klein auf gewöhnt. Wir sind immer in die Berge gegangen, so nebenbei beim Beerenbrocken und beim Schwammerlsuchen. Mit 13, 14 Jahren sind wir am Pfaffenstein schon den Westgrat geklettert, die Südwestkante war sowieso Pflicht. Berggehen, „Hech gehen", wie wir sagen, war einfach Teil unseres Lebens.

Der Petergstamm ist die erste Blume im Frühjahr, er riecht gut und ist etwas Besonderes. Den Petergstamm hat schon der Vater geholt und wir Kinder dann natürlich auch. Wir sind hinauf auf den Pfaffenstein, von dort zu den Kesselmauern. Herunten beim Markussteig ist der Einstieg in die Wand, dann klettert man hinauf. Wenn die Mutter oder der Vater das gewusst hätten, dass wir da „umeinanderkraxeln", hätten wir vielleicht Hausarrest gehabt, aber wenn wir den Petergstamm heimgebracht haben, war eh wieder alles in Ordnung.

Das „Buamerleben"

Das „Buamerleben" hat sich auf der Straße abgespielt. Da war die Fichtenstraße, die Föhrenstraße, die Tannenstraße und die Lerchenstraße. Straße gegen

Straße hat es Kämpfe gegeben. Beim Indianerspielen haben wir ausgemacht: „Die werden heute angegriffen!" Wenn die Föhrenstraße in ihrem Revier ein Baumhüttl gebaut hat, dann ist das halt wieder einmal angegriffen worden. Und dann hat die Fichtenstraße gegen die Föhrenstraße gekämpft. Einer hat immer die Führungsrolle übernommen, das war der Häuptling, und dann hat es sogar häuserweise Kämpfe gegeben. Die Kämpfe sind natürlich harmlos gewesen, aber spannend war es trotzdem!

Wir haben viel mit Pfeil und Bogen geschossen. Da ist ein Ziel aufgehängt worden und wer das getroffen hat, war der Sieger. Pfeil, Bogen und Speere, alles haben wir aus Haselstecken selbst gemacht.

Ein ganz wichtiges Spiel war das Butschögeln. Der Butschögl war ein Holztrumm, gespitzt und vielleicht 30, 40 cm lang. Dann hat man zu viert oder fünft gespielt, je nachdem, wie viele Buben da waren. Einer hat den Spitz in den Boden gehaut und ein anderer hat ihn „schnoaten" müssen, das heißt den Butschögl so hauen, dass der andere umfallt. Dann ist der Dritte gekommen, der hat jetzt versucht, dich umzuwerfen. Wenn er umgeworfen war, dann hast du ihn „töten" müssen, das heißt den Butschögl noch einmal treffen, dann ist es 1:0 für dich gestanden. Das war ein Buamerspiel, so wie das Kastlhupfen ein Menscherspiel war.

Messer und Feuer

Ein Bub hat immer ein Messer und eine Schnur bei sich gehabt. Die Schnur hast immer für irgendetwas brauchen können, oft hast zwei Stecken zammbinden müssen oder einen Bogen bauen. Eine Schnur war immer nützlich. Das Veitl braucht man zum Schnitzen und zum Spielen. Da hat es ein Spiel gegeben, das Veitlpecken, dabei muss man mit dem Messer verschiedene Figuren werfen. Wenn das Messer in einem rechten Winkel im Tisch steckenbleibt, dann war das ein „Fünfziger", bei 180 Grad ein „Hunderter".

Heute heißt's, ein Kind darf kein Messer und kein Feuer haben, aber das ist falsch! Er muss wissen, was ein Messer tut und was Feuer tut. Das muss er erfahren und erfahren kann er's nur, wenn er es tut! Er muss wissen, wie man das Messer halten muss beim Speermachen oder beim Bogenmachen. Das ist wichtig, damit er sich nicht weh tut.

Genauso ist es beim Feuer! Feuerl machen, das war für uns ganz normal. Wir haben einen Erdäpfelacker gehabt und dort haben wir die frischen Erdäpfel gebraten, während die anderen noch Erdäpfel ausgegraben haben. Es war überhaupt keine Frage, dass wir da Feuer machen dürfen. Der Vater hat uns das einmal gezeigt und dann haben wir gewusst, wie es geht.

Familie Huber

vulgo Höfer, Donnersbach

Es erzählen: Frau Erna Kalsberger, geb. 1939, Herr Paul Huber-Huber, geb. 1938, Frau Anna Walthuber, geb. Huber, geb. 1932, Frau Martha Huber, geb. 1944, Frau Elisabeth Huber, geb. Seiringer, geb. 1946

Wenn die Hebamme gekommen ist

Die Mutter hat 22 Kinder geboren, drei Mal hat sie Zwillinge gehabt, 18 Kinder haben überlebt. Einmal hat sie Zwillinge im vierten Monat verloren. Die waren so klein, da hat man halt grad gekannt, dass es Mädchen gewesen wären. Beim vorletzten Kind hat sie eine Zangengeburt gehabt, der Bub ist auch gestorben. Und dann war da noch der Rudolf, der hat sieben Tage gelebt. Die Mutter hat erzählt, wie sie mit dem Kind schwanger war, ist ihr beim Saufüttern auf der Leiter eine Sprosse gebrochen. Sie hat ja müssen hinaufsteigen, damit sie mit dem Eimer das Futter in den Trog leeren kann. Jetzt ist ihr das Gangl abgebrochen, sie ist gefallen und ist mit dem Bauch angeschlagen. Da wird's das Kopferl vom Kind halt erwischt haben. Wie es geboren wurde, war es bis hinunter ganz dunkelblau, wahrscheinlich hat es von dem Sturz einen Bluterguss gehabt. Die Hebamme hat den Buben gleich daheim notgetauft. Sieben Tage war er noch am Leben. Dann ist er beim Kachelofen gelegen und auf einmal hat es einen Schnalzer gemacht. Da ist ihm das Blut heruntergeronnen und dann ist er gestorben.

Ich und mein Bruder, wir sind auch Zwillinge. Das hat alles die Hebamme bewältigt. Wir sind zu Hause auf die Welt gekommen, er ist in der Früh geboren und ich zu Mittag.

Wenn die Hebamme gekommen ist, hat es meistens eine gute Suppe gegeben. Sie ist alle zwei, drei Tage gekommen und da ist ihr jedes Mal etwas aufgewartet worden, einen Kaffee oder einen Kuchen haben wir immer für sie gehabt.

Wenn die Mutter zur Entbindung ins Schlafzimmer gegangen ist, dann haben wir immer schon gewartet. Auf die Babys haben wir uns schon gefreut! Wenn das Kind dann da war, hat die Hebamme nach uns geschrieen und uns ins Zimmer gelassen. Die Mutter hat das Kind bei sich im Bett gehabt und wir sind halt alle dagestanden und haben nur geschaut und geschaut.

Die Ziehmutter

Die Ziehmutter ist 1872 geboren. Unsere Mama ist mit drei Wochen Halbwaise geworden, weil ihre leibliche Mutter an einem Kopftumor gestorben ist. Für sie war dann die Ziehmutter eine Art Mutterersatz, eigentlich war sie ja die Tante vom Vater.

Der Großvater, der Ziehvater, ist gestorben, als wir noch klein waren. Er hat nur einen Fuß gehabt und ich habe ihn noch in Erinnerung, wie er den ganzen Tag draußen auf der Bank vor dem Haus gesessen ist. Der Ochs ist ihm durchgegangen und da hat es ihm den Fuß umgedreht, sodass die Schaufel hinten hinausgeschaut hat. Deshalb haben sie ihm den Fuß abnehmen müssen. Dann hat er noch den Gasbrand dazugekriegt, jetzt haben sie ihm noch einmal ein Stück wegnehmen müssen.

Der Großvater war immer recht lieb zu uns Kindern, er hat viel Zeit gehabt, er ist halt immer nur umanandgesessen. Am Abend hat ihn dann die Ziehmutter hinauf in die Kammer mitgenommen.

Die Ziehmutter, die ist viel Beeren brocken gegangen! Preiselbeeren, Schwarzbeeren, Heidelbeeren, Himbeeren! Wir haben oft mitgehen müssen und helfen, mein Gott, das haben wir gar nicht mögen. Den ganzen Tag, immer nur im Wald, das ist uns zu langweilig gewesen. Aber die Großmutter hat schon gewusst, warum sie das tut. Die Beeren hat sie natürlich verkauft und mit dem Geld hat sie sich Zucker geleistet. Den hat sie dann in ihren Kaffee getan. Sie ist immer recht rührig gewesen und überall dabei, sie hat allweil angegriffen und mitgeholfen.

Gestorben ist sie mit 82. Sie war eigentlich nie krank, aber ungefähr ein halbes Jahr vor ihrem Tod ist sie dann nicht mehr so gut beieinander gewesen. Wahrscheinlich war es Altersschwäche. Sie war so ein kleines Weibl und ist immer kleiner geworden und immer kleiner. Wie es geheißen hat: „Jetzt ist d'Muater ganz schlecht!", haben wir gerade Wäsche gewaschen. Es war noch Wäsche im Waschtrog. Da haben wir gesagt: Schauen wir, dass die Wäsche gleich fertig wird, dass das weg ist, wenn sie jetzt wirklich stirbt.

Am Abend haben wir der Großmutter noch das Essen gebracht, a Supperl

Familie Huber

mit Weißbrot drinnen, da war sie schon eine Woche im Bett. Danach ist die ganze Familie zu ihr gegangen. Sie hat uns noch alle gekannt und jeden beim Namen genannt, so ähnlich wie wenn sie sich verabschiedet hätte von allen.

Als ein Bruder dann heimkommt vom Arbeiten, hat er gesagt: „Wisst's schon das Neueste? Die Mutter steht da draußen!" Sie war im Vorhaus beim Kasten, wir sind sofort nachschauen gegangen, da war sie aber schon wieder drinnen im Bett. Sie ist noch aufgestanden und hat sich ihr Gewand hergerichtet, das sie auf der Bahre tragen will! Da hat sie sich ihr Totenkleid noch selber hergerichtet und dann, in der gleichen Nacht, ist sie gestorben.

Auf der Bahr' war sie so lieb, mir ist vorgekommen, sie lebt noch!

Für die Bahre haben sie auf dem Bett mit Brettern ein hohes Gestell gemacht, sodass die großen Leut' auf Brusthöhe den Toten gesehen haben. Die Kinder haben sie halt hinaufgehoben. Ich war damals zwölf Jahre alt und hab' mich immer so gefürchtet vor den Toten! Und wie die Großmutter da oben gelegen ist, das weiß ich noch genau, da hat die Mutter gesagt: „Fass' sie beim Zehen und beutle sie!" Das habe ich dann auch gemacht. Ich glaube, sie wollte, dass ich mich nimmer fürchte und die Angst verliere vor den Toten. Und so war das wirklich. Wenn man den Toten noch einmal richtig angreift, fürchtet man sich nicht mehr.

Bevor sie überhaupt gestorben ist, ist schon gebetet worden. Da hat man nicht gewusst, ist sie schon gestorben oder nicht, wenn es mit dem Beten richtig losgegangen ist. Es ist ein Vaterunser gebetet worden und der Rosenkranz und am Abend haben sie im Haus die Nachtwache gehalten. Da sind alle gekommen, Nachbarn und Verwandte. Dann haben sie zwei schmerzhafte Rosenkränze gebetet und eine Litanei. Vier Kerzen waren um die Bahre herum aufgestellt und die haben die ganze Nacht gebrannt. Es ist dann immer einer eingeteilt worden in der Nacht, dass er bei der Bahre sitzen bleibt. Das hat niemand als unangenehm empfunden, das war alles so normal. Denn wenn jemand stirbt, darf es nicht finster sein im Haus. Da müssen die Kerzen die ganze Nacht brennen, das Licht hat seinen Sinn.

Wir haben nur Kaffee und Brot aufgewartet, inzwischen hat sich das so eingebürgert, dass alles viel aufwändiger gemacht wird. Auch das Begräbnis hat damals nicht viel gekostet. Gefahren ist ein Nachbar mit seinem Pferd, der hat sie hinuntergeführt zum Friedhof. Leichenbestattung hat es auch noch keine gegeben, das ist erst in den 60er Jahren aufgekommen.

Familie Huber

Drei Tage ist der Tote im Haus geblieben, bis zur Beerdigung. Am zweiten Tag war noch einmal Nachtwache und am dritten Tag ist er dann beerdigt worden.

Der eingefrorene Nachttopf

Im Winter war es schon recht kalt. Sogar in der Kammer hat es oft weniger als null Grad gehabt. Unter unserem Bett ist das Nachttopferl gestanden und der Inhalt ist im Winter manchmal eingefroren. So kalt war's!

Als kleine Kinder haben wir zu sechst in einem Bett geschlafen. Drei sind in die eine Richtung gelegen und die anderen drei mit dem Kopf in die andere Richtung. In der Nacht haben wir uns umgedreht und in der Früh sind wir alle ganz verkehrt gelegen. Wenn es kalt war, ist die Mutter immer aufgestanden und hat uns zurechtgelegt und wieder zugedeckt.

Bei uns im Haus waren die Fugen in den Wänden mit Moos abgedichtet. Wir Buben haben oft das Moos weggekratzt, damit wir hinausschauen haben können. Im Winter hat es da natürlich den Schnee hereingeweht und in der Früh ist in der Kammer dann Schnee gelegen.

Wahrscheinlich waren wir Kinder nicht so empfindlich, was die Kälte angeht. Die Leute waren im Winter auch leichter angezogen als heute. Obwohl, da hat es schon einen Fall gegeben, wo ein Kind nicht warm genug angezogen war. Die Hannerl, die hat es oft nur so gebeutelt vor Kälte, die hat mir damals schon leid getan. Sie ist dann gestorben, weil sie im Unterleib schon als Kind eine so schlimme Verkühlung gehabt hat, dass sie sich nicht mehr erholt hat. Wahrscheinlich haben die noch weniger gehabt als wir. Wir haben doch immer irgendwie im Winter ein wärmeres Gewand zum Anziehen gehabt.

Auf der anderen Seite sind wir im Oktober noch bloßfüßig in die Schule gegangen. Einmal habe ich keine Schuhe gehabt, als es geschneit hat. Momentan hat es keine Schuhe für mich gegeben! Jetzt habe ich daheim bleiben müssen und dann bin ich halt nicht in die Schule gegangen. Nach zwei Tagen ist meine Lehrerin gekommen und hat mir Schuhe von sich gebracht. Ihre Schuhe habe ich dann angezogen und bin wieder gerne in die Schule gegangen.

Familie Huber

Ein eigener Kasten

Mit achtzehn habe ich einen eigenen Kasten bekommen. Ein eigener Kasten, das war ein Zeichen von Erwachsensein! Die Mutter hat großen Wert auf Reinlichkeit gelegt, sie hat nicht wollen, dass wir in fremden Kästen herumwühlen.

Mein Kasten ist aus Zirbenholz und als ich geheiratet habe, habe ich den Kasten mitgenommen. Jetzt bin ich 50 Jahre verheiratet und der Kasten ist auch schon 50 Jahre alt. Er ist zwar nicht mehr so schön wie früher, die Haxen haben wir ihm abgeschnitten und innen Laden gemacht, aber er ist eine schöne Erinnerung für mich.

Die große Sau

Vor Ostern und vor Weihnachten hat der Vater meistens eine große Sau geschlachtet, eine riesige, die hat an die 250 Kilo gehabt. Verarbeitet worden ist die Sau in der Küche, das war Schwerarbeit, die auf den Küchentisch hinaufheben! Auf dem Tisch ist sie dann gehäutelt worden, der Vater hat den ganzen Tag gearbeitet, bis die Haut herunten war. In aller Früh ist abgestochen worden und den ganzen Tag hat der Vater die Haut abgeschert. Mit dem Messer hat er immer wieder den Speck von der Haut abgeschappelt, damit wir recht viel Schmalz haben.

Der Speck ist geschnitten worden und durch die Fleischmaschine getrieben, da haben auch wir Kinder fleißig mithelfen müssen. Das Fett ist sofort zu Schmalz ausgelassen worden, aber das Fleisch ist erst am nächsten Tag zerteilt worden, wenn es ausgekühlt war.

Die frischen Grammeln haben wir noch warm mit einem Stück schwarzen Brot als Jause gegessen. Einfach ein bissl Salz drüber, das hat gut geschmeckt. Frische Grammeln waren für uns etwas „Seltsames", etwas Besonderes, denn die hat es nur gegeben, wenn geschlachtet worden ist. Da hat es immer geheißen: „Du darfst ja nichts dazu trinken! Sonst kriegst du Magenweh."

Am Schlachttag hat es immer ein frisches Blutkoch gegeben. Das hat ganz frisch gegessen werden müssen und war unser Mittagessen an dem Tag. Für das Koch und für die Blutwürst' haben wir Kinder das Blut fest rühren müssen, damit es nicht gerinnt. Gleich beim Schlachten ist das Blut in einem großen Häfen aufgefangen worden und sofort ins kalte Wasser im Brunntrog gehalten worden. Dort hat man so lange rühren müssen, bis das Blut kalt war. Wenn

man das nicht macht, sondert sich das Eiweiß ab und alles wird ein einziger Klumpen.

Für das Blutkoch röstet man Zwiebel und Knoblauch angeröstet, würzt das gekochte Blut mit Pfeffer, Salz und anderen Gewürzen und serviert alles mit Erdäpfeln.

Das Hirn hat nur der Vater bekommen, die Mutter hat es ihm mit Ei zubereitet, das Hirn und die Nierndl sind sonst normalerweise dem Metzger zugestanden.

Wurstmachen war eine Arbeit für die Weiberleut. Wir Kinder haben im Bach den Darm gewaschen. Mit einem Holzspan haben wir den Darm dabei umgedreht, ganz vorsichtig, dass er nicht zerreißt! Das war eine Arbeit, die hab' ich überhaupt nicht mögen.

Es hat ja früher keinen Kühlschrank gegeben, deshalb hat alles irgendwie haltbar gemacht werden müssen. Aus dem Magen haben wir eine gute Sulz gemacht. Er ist ausgeputzt worden, dann sind Schwarten, Haxen und ein bissl Schädlfleisch verarbeitet worden und hineingekommen, alles gepresst, das war eine gute Sulz!

Überhaupt ist alles verarbeitet worden und nichts weggeschmissen, nicht einmal die Haut. Die Sauhaut ist zu Lederschuhen verarbeitet worden. Wir haben die Haut nach Irdning in eine Gerberei gebracht, daraus hat der Störschuster dann „saubere" Schuhe für uns gemacht.

Schauen und Zuhören verboten!

Zu Weihnachten haben wir uns nie in den Stall getraut. Die Leute haben gesagt, am Heiligen Abend, genau um Mitternacht, reden die Kühe. Wenn da ein Mensch hinausgeht und der hört zu, der muss sterben. Niemals hätten wir uns hinausgetraut!

Das Gleiche war vor Silvester und am Heiligdreikönigtag, in den Raunächten eben. In diesen Nächten ist der Vater „Rauchen" gegangen, dabei hat er Weihrauch oder Speik und geweihte Palmkatzerln verbrannt. Der Bauer ist mit der Rauchpfanne vorausgegangen und die Kinder sind mit dem Weihbrunn, dem geweihten Wasser, nach. Das Rauchen hat den Sinn gehabt, Böses und Unheil abzuwenden.

Die andere Geschichte war mit den Perchtln. Da hat man auch nicht zuhören dürfen! Sie haben erzählt, da geht die Frau Perchtl vorne und immer ein Haufen Kinder, die Perchtln, hinterher. Das waren die Kinder, die ohne Taufe gestorben sind. Die haben so lange herumirren müssen, bis sie einen Namen bekommen haben. Wenn jemand den Perchtln zufällig begegnet ist und er hat ganz am Ende ein „zotterts" Kind gesehen, dann hat er sagen müssen: „Du Zotterwaschl, du!" Dann hat das Kind einen Namen gehabt und ist erlöst gewesen.

Aber wenn die Perchtln ins Haus gekommen sind, das war in der Nacht vom 5. auf den 6. Jänner, dann hat niemand sie beobachten dürfen! Man sagt, einmal hat sich ein Mann im Kamin versteckt und in der Nacht die Perchtl mit den Kindern in der Stube gesehen. Sofort ist er blind geworden! Jetzt hat er den Rat bekommen, er soll im nächsten Jahr das Gleiche noch einmal machen, dann kann er wieder sehen. Und so war es dann auch!

Für diese Nacht hat man der Perchtl eine Schüssel mit Schottsuppe oder Rahmsuppe auf den Tisch gestellt und ringsherum an die Schüssel Löffel angelehnt. Wenn dann in der Früh ein Löffel umgefallen ist, war das ein ganz schlechtes Zeichen. Es hat geheißen, der muss im nächsten Jahr sterben, wo der Löffel umgefallen ist. Bei uns im Haus hat jeder seinen eigenen Platz am Tisch gehabt, da ist der Bauer gesessen, da die Bäuerin, der Moarknecht, da die Moardirn und so weiter.

Früher hat man sich halt mit solchen Geschichten unterhalten, man hat ja nichts anderes gehabt. Radio haben wir erst in den 50er Jahren gekriegt, vorher ist man am Abend beieinander gesessen und hat sich Gespenstergeschichten erzählt. Wir Kinder waren da auch dabei und haben uns natürlich gefürchtet.

Man hat z. B. die Geschichte von dem Mann erzählt, der vor seinem Tod gesagt hat: „Ich nehm' dich mit, wenn ich geh'!" Dann ist er wirklich gestorben und in der Kammer aufgebahrt worden. Auch die Frau, zu der er das gesagt hat, war bei der Totenwache. Als sie aus der Kammer geht, zwickt sie sich ihr Kopftücherl bei der Tür ein. Da hat sie so einen Schrecken gekriegt, dass sie auf der Stelle tot umgefallen ist. Sie hat geglaubt, er holt sie jetzt, und hat wahrscheinlich einen Herzinfarkt bekommen.

Der Klampferer

Die Handwerker sind früher zum Haus gekommen, der Störschuster, die Schneiderin, der Korbmacher und der Klampferer.

Ein Klampferer war ein Kessel- oder Häferlflicker, heute sagt man dazu Spengler. Weggeschmissen ist früher am Bauernhof nichts worden. Wenn ein Häferl ein Loch gehabt hat, hat das der Häferlflicker wieder gerichtet. Wir haben altes Emailgeschirr daheim gehabt, von den Vorfahren noch. Wenn da etwas luckert war, hat das der Kesselflicker repariert. So ein, zwei Mal im Jahr ist der gekommen.

Der Korbmacher hat aus Weide die Körbe gemacht, die wir zum Erdäpfelklauben gebraucht haben. Der hat seine Frau mitgehabt und die kleinen Kinder und ist herumgezogen. Er hat immer ein Geschäft gemacht, weil Körbe sind immer gebraucht worden.

Die Schneiderin war die Tante Julie. Die ist in der Früh zur Kommunion gegangen und am Abend wieder, weil sie so „heilig" war. Wenn die gekommen ist, haben wir Kinder immer um den Tisch herumstehen müssen und schön beten. Sie war alleinstehend und sie war halt einfach eine alte Jungfrau!

Wir haben nur ein Gwand gehabt und die Schneiderin hat den Saum hinaufgenäht und ein Jahr später wieder herausgelassen, weil wir gewachsen sind.

Dann waren noch Wandersburschen unterwegs auf der Walz, Zimmerleute und Tischler und Kramer, die haben Strumpfbandln verkauft und solche Sachen.

Die Scholiderin

Wenn man sich einen Haxen gebrochen hat, dann ist kein Arzt gekommen, dann hat man die Scholiderin oder den Scholider gerufen. Das waren Männer und Frauen, die haben die Gabe gehabt, dass sie gebrochene Knochen einrichten und schienen. Die haben einfach gewusst, wie das geht, ohne Narkose natürlich. Gelernt haben sie diese Kunst von den alten Leuten, die haben alles weitergegeben, was sie gewusst haben.

Früher haben sie in Donnersbach unten Papier erzeugt. Wir Kinder haben in der Trockenhütte gespielt, oben haben sie das Papier getrocknet und unten war ein Heuhäuferl. Natürlich traut sich keiner „obihupfn". Jetzt bin ich so blöd und spring hinunter! Im Heuhaufen war ein Holzscheitl drinnen und schon hab' ich mir den Haxen abgebrochen gehabt.

Da ist dann die Scholiderin gekommen und hat das wieder eingerichtet. Sie hat den Fuß angeschaut, er war schon sehr geschwollen, sie hat hergedreht und gerissen und angezogen. Ich habe einen Schrei gemacht und fertig wars!

Unsere Tante Julie, die war auch ein wenig heilkundig. Wenn der Vater ein bissl marod war, dann ist sie gekommen. Er hat sich den Oberkörper ausziehen müssen und sie hat ihm mit einem kalten Handtuch den Rücken fest abgerieben. „So, Vater, morgen seid's wieder gesund!", hat sie gesagt. Und so war's auch, es hat geholfen!

Zahnschmerzen und Zähnereißen

Unser Großvater, der hat sich immer selbst die Zähne gerissen. Zuerst hat er Schnaps getrunken zum Betäuben. Dann ist er sich mit einer Zange in den Mund gefahren und hat sich den Zahn ausgerissen.

Wir Kinder haben uns unsere Milchzähne mit einem Bandl ausgerissen, das wir an einer Türschnalle befestigt haben. Dann hat jemand die Tür zugehaut und der Zahn war heraus!

Wenn ein Kind Zahnweh gehabt hat, dann hat die Mutter uns Schnaps in den Mund gegeben und den hat man so lange im Mund behalten müssen, bis der Nerv abstirbt.

Einmal war ich mit der Großmutter auf der Alm und da habe ich so viel Zahnweh gekriegt! Da hat die Großmutter gesagt: „Ich weiß schon was! Geh hinunter zum Bach, dort sind blaue Blumen, die reißt du aus. Die Wurz'n tust schön waschen und dann tust die Wurzel kauen. Aber ja nicht schlucken!" Das habe ich gemacht und dann hat mir der ganze Mund gebrannt. Das hat bald mehr weh getan als das Zahnweh! Jetzt ist das die Wolfswurz gewesen, der blaue Eisenhut! Wenn ich den geschluckt hätte, wäre ich tot gewesen, so giftig ist der!

Die Wolle im Bach

Die Wolle von unseren Schafen hat vor dem Spinnen vom Lodenwalker kardatscht werden müssen, also gewaschen und gelockert. Im nächsten Winter ist sie dann von den Frauen und Dirndln gesponnen worden.

Wir haben unsere Wolle immer zum Lodenwalker nach Donnersbach hinuntergetragen. Einmal habe ich wieder im Frühjahr die Wolle abholen müssen. Der Nachbarsbub, der Fred, hat sich bereiterklärt, dass er mir tragen hilft. Denn so ein Binkel Wolle war zwar nicht so schwer, nur 10 Kilo, aber sehr groß. Und ich war noch ein kleiner Bub, neun Jahre werde ich gewesen sein.

Beim Heimweg haben wir mit dem Riesenbinkl über ein Brückerl gehen müssen, der Bach drunter hat Hochwasser geführt. Wir haben die Wolle gemeinsam getragen, er vorne und ich hinten. Und jetzt fangt der an seiner Seite zum Schaukeln an! Er schwingt so hin und her und lasst aus und ich hab's auch nicht mehr halten können und der ganze Binkl ist mitten hinein in den Bach! Das wäre die Wolle gewesen für das ganze Jahr. Damit hätten alle Socken, Strümpfe, Westen und Handschuhe gestrickt werden sollen. Alles war weg! Wir haben die Wolle nicht mehr erwischt, es war ja Hochwasser. Dafür hat's daheim dann Schläge gegeben vom Vater.

Familie Huber

Der Toni, der Pius und der Gust

Da war dann noch eine Geschichte. Es war halt wieder einmal Sonntag und wir haben nicht gewusst, was wir tun sollen, wir Buben, der Toni, der Pius und der Gust. Draußen im Hof haben wir einen Benzinmotor stehen gehabt. Jetzt sind wir draufgekommen, dass man da ein bisschen schnuppern kann. Wir haben einmal den Tankdeckel aufgemacht und der Toni hat als Erster probiert. „Probier a! Probier a!", haben die anderen gesagt und so haben wir der Reihe nach probiert. Und dann sind wir einer nach dem anderen umgefallen und dagelegen wie die abgestochenen Kalbl. Der Vater war nicht daheim, aber die Mutter hat uns dann gefunden. Da sieht sie alle ihre Buben daliegen! Wir sind eh gleich wieder aufgewacht, aber am Sonntag darauf sind wir gestraft worden. Der Vater hat gesagt: „So Buam, jetzt nehmt's jeder einen Sessel!" Dann haben wir müssen hinausgehen, ein jeder mit seinem Sessel, die Hosen hinunter und uns drüberlegen. Dann haben wir es gekriegt mit dem Hosenriemen.

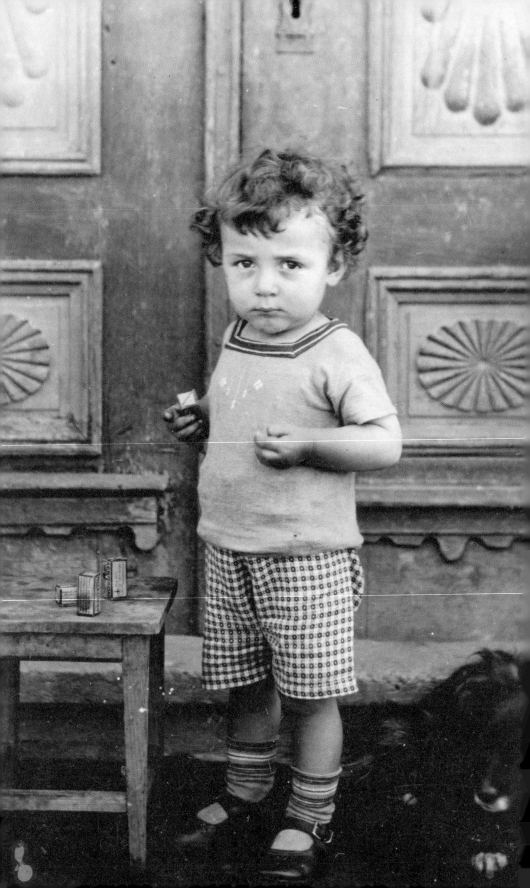

Familie Resch

St. Stefan im Rosental

Es erzählen: Maria Suppan, geb. Resch, geb. 1942,
Rosa Weinzettl, geb. Resch, geb. 1943, Josefine Lampl, geb. Resch, geb. 1944,
Alois Resch, geb. 1946, Josef Resch, geb. 1948

Kinderreich und kinderarm

Bei uns waren 16 Kinder, 12 Dirndln und vier Buam. Eines, ein Mädchen, ist mit einem Jahr gestorben. Die Mami hat sie am Arm gehabt, sie hat Christl geheißen, wir sind alle rundherum gestanden und der Arzt hat gesagt: „Jetzt geht es zu Ende." Ich glaube, es war ein Sonntag.

Das Dirndl hat einen Darmkatarrh gehabt, eine Darminfektion. Früher haben sie gesagt, wenn die Kinder einen grünen Durchfall haben, dann ist es ein Darmkatarrh. Die Christl war nicht lange krank, ich glaube nicht einmal eine Woche. Der Arzt war ein paar Mal da und dann ist sie gestorben.

Eigentlich haben rundherum alle viele Kinder gehabt, der eine elf, der andere sieben. Denn die vielen Kinder hat man zum Arbeiten gebraucht. Sonst hätte man fremde Arbeiter zahlen müssen und die Taglöhner waren auch nicht so dicht gesät. Wenn da jemand nur ein oder zwei Kinder gehabt hätte, die wären arm dran gewesen. Aber so wenige Kinder hat es nirgends gegeben, ich kann mich nicht erinnern.

Natürlich haben wir kaum ein neues Gewand gekriegt. Es hat ein Sonntagsgwand gegeben und ein Schulgwand und irgendeinen Fetzen für daheim zum Arbeiten. Die Wäsch' ist immer weitergegeben worden, wenn einer herausgewachsen ist, hat's der Nächste gekriegt und so weiter. Bei den Schuhen war das Gleiche. Wenn ein Schuh ein Loch gehabt hat, ist es vom Schuster zusammengenäht worden und es ist schon wieder gegangen.

Der Vater war viel älter als die Mutter, er ist 1898 geboren, die Mutter 1924. Weil er halt doch schon älter war, haben wir Kinder mehr arbeiten müssen. Vom Schulalter an hat jeder von uns mitgearbeitet. Mit zehn Jahren bin ich schon mit dem Traktor gefahren, ohne Servolenkung! Man fragt sich heute, wie man das als Kleiner geschafft hat. Aber früher war man mit dem Alter viel stärker als heute. Heute halten das die Kinder sicher nicht mehr aus.

Was ist es denn, ein Dirndl oder ein Bua?

Die meisten Kinder hat die Mutter im Haus gekriegt. Wenn die Hebamme gekommen ist, das war schon ein bissl eine Aufregung. „Was ist es denn, ein Dirndl oder ein Bua?" Das war immer spannend! Ich hab von dem Ganzen nicht viel wahrgenommen, bis die Oma am zweiten oder dritten Tag mit dem Kind heruntergekommen ist. Dann haben wir Geschwister das Kind das erste Mal gesehen. Die Mutter war ein paar Tage weg, aber nicht lang. Am dritten oder vierten Tag ist sie schon wieder arbeiten gegangen. Bis kurz vor der Geburt hat sie ja auch noch die Kühe gemolken oder etwas anderes gearbeitet, selbst wenn sie schon die Wehen gehabt hat. Da hat's nichts gegeben früher!

Dort, neben der Küche, war ein kleines Zimmer, da hat man die Kleinen tagsüber „rearn" gehört. Da sind sie drinnen gelegen, während die Mutter gearbeitet hat.

Auf die Kleinen geschaut haben aber vor allem die älteren Geschwister. Wenn wir beim Mittagessen beieinander gesessen sind, hat jeder ein Jüngeres auf den Arm genommen und hat ihm das Essen gegeben. Alleine hätte die Mutter das ja nie geschafft.

Die Erziehung ist so nebenbei mitgegangen. Die ersten vier Dirndln haben die kleineren erzogen, die Mutter hat das sowieso nicht überblicken können. Wir Kinder waren immer unter uns. Es war selbstverständlich, dass wir uns um die Kleineren kümmern. Da ist keiner extra angestellt worden. Da hat es nicht geheißen: „Du musst jetzt auf die Kinder aufpassen!"

Die Arbeit ist eingeteilt worden und wenn einer nichts getan hat, haben die anderen Geschwister eh schon hingehackt auf ihn. Die Dirndln waren mit dreizehn Jahren schon ganz selbstständig. Da hat niemand sagen müssen: „Du musst melken gehen!" oder „Du musst Heuarbeiten gehen!". Das ist alles schon automatisch gegangen.

Familie Resch

Wie man arbeiten lernt

Arbeiten lernt man von Kind auf, sobald man es vermag. Unsere Mutter hat sehr viel gearbeitet und von ihr haben wir es auch gelernt. Beim Woazhauen, beim Burgunderbauen, die Mutter war immer dabei und wir Kinder daneben. Wir haben helfen müssen: „Gemma! Tamma!" Als ganz Kleiner macht man noch leichte Arbeiten, wie Werkzeug tragen, in der Volksschule dann schon mehr. Die Mutter hat uns jede Arbeit gelernt, mit dem Rechen umgehen, heuen, alles. Ihre Kindheit war ja das Gleiche wie unsere Kindheit, nur Arbeit!

Oft schaut man sich auch etwas von den Großen ab. Der Vater hat etliche Mahder gehabt, die ihm geholfen haben. Da schaut man sich alles an und dann muss man es selbst probieren. Vom Zuschauen allein lernt man auch nicht alles. Mit zehn, zwölf Jahren haben wir mit dem Sensenmähen angefangen. Zuerst probierst beim Saugras, dem kurzen Gras, weil es da leichter zu mähen ist. Das

Saugras ist zwar kurz, aber weich. Da musst schön knapp beim Boden mähen und die Sense muss gut schneiden. Den richtigen Schwung braucht man und die richtige Haltung.

Sensenmähen musst einfach können, sonst bringst nichts weiter! Zuerst einmal muss die Sense passen, der „Woaf", also der Stiel, und der Winkel muss passen und vor allem die Schneid. Die Schneid muss richtig scharf sein! Beim Mähen musst du es halt richtig machen, richtig ziehen, nicht hacken, sonst martert es dich. Wenn du schön ziehen kannst, dann brauchst du die halbe Kraft.

Äpfelklauben und Viehhalten

Viehhalten auf der Wiese, das war immer unsere Arbeit! Bis zum Alter von zehn Jahren war man dafür zuständig. Das war eher eine Arbeit für die kleineren Kinder, weil, mit der Rute dem Vieh nachrennen, das kann man schon in dem Alter.

Das Problem bei der Sache waren die Apfelbäume. Die Viecher fressen ja so gern die Äpfel! Wenn man das übersieht und sie da nicht sofort wegjagt, dann hat die Kuh den Apfel drinnen und wir sind daheim ordentlich geschimpft worden. Die Kuh schluckt nämlich zuerst alles im Ganzen hinunter, wenn sie gejagt wird. Die Gefahr ist dann, dass der Apfel stecken bleibt! Wenn man das merkt, muss man der Kuh sofort einen Schlauch durch die Speiseröhre schieben. Denn wenn der Apfel dort bleibt, kann es passieren, dass es die Kuh „anblaht" und dass sie eingeht. Das Gleiche ist beim Klee. Wenn die Viecher davon zu viel fressen, werden sie auch aufgebläht. Auf alle diese Sachen haben wir Kinder aufpassen müssen.

Zum Viehhüten war es meistens erst im Herbst, im Sommer hat man das Gras ja gebraucht. Erst der letzte Wuchs, der ist dann abgegrast worden, so hat man sich das Mähen erspart. Es ist oft stockfinstere Nacht gewesen, bis wir mit dem Vieh heimgekommen sind, grad dass sie noch heimgefunden haben, die Viecher. Und dann war's noch zum Melken, bevor wir schlafen gehen haben können.

Das Äpfelklauben, das war auch immer unsere Arbeit, oh je! Zeit zum Äpfelklauben war immer erst, wenn schon fast alles gefroren war. Da sind die Hände kalt geworden! Vorher war noch das Kukuruzarbeiten und andere Sachen, die vor dem ersten Reif haben fertig sein müssen. Dann das Äpfelklauben und das

Ausgraben der Erdäpfel. Denn was unter der Erde war, war ja nicht frostgefährdet, so eine Arbeit hat warten können.

Etwas, für die nur das Kinder zu brauchen waren, war das „Nachiklauben" der Erdäpfel. Im Herbst hat man die Erdäpfel mit Körben in den Keller getragen. Eini in den Korb, eini in den Keller, drin ausleeren! Wenn alles schön voll war, sind die Kleinen auf den Erdäpfelhügel gestiegen und haben die Erdäpfel zurückgeklaubt, weil, mit dem Korb kommst du nicht ganz hinauf.

Der Tagesablauf

Aufgestanden sind wir um sechs. Die Dirndln sind in der Früh mit der Mutter schon eine halbe Stunde im Stall gestanden. Zehn Kühe mit der Hand melken, das war eine schwere Arbeit. Inzwischen haben wir Buben den Stall geputzt und gefüttert.

Die Mutter ist zwischendurch immer zum Haus gerannt und hat das Frühstück gemacht. Meistens hat es ein Tommerl aus Heidenmehl gegeben und eine saure Suppen dazu. Wir haben gusseiserne runde Pfannen gehabt, da haben immer zwei in den Ofen gepasst. Dazwischen ist sie wieder in den Stall gerannt, melken, und dann wieder zurück und hat die nächsten Pfannen in den Ofen getan.

Die Jüngeren haben schon gegessen, die Älteren sind erst vom Stall gekommen und dann hat's geheißen schnell umziehen, waschen und Richtung Schule. Wir Dirndln haben alle Zöpfe gehabt, da haben wir uns gegenseitig beim Flechten geholfen, damit wir rechtzeitig fertig werden. In der Früh hat es immer ein bissl Hektik gegeben, bis wir alle fortgekommen sind.

In die Volksschule ist man eine dreiviertel Stunde gegangen, über den Berg drüber. Eine Schwester hat am Anfang nie Schule gehen wollen. Die Mutter hat zu mir gesagt: „Nimms mit! Nimms mit!" Ich habe sie halt gezogen und gezogen und dann hat sie „auffigreat" übern Riegel.

Schulgehen war für uns anstrengend, weil wir schon müde waren vom Arbeiten daheim. Und dann noch den ganzen Weg zu Fuß! Da sind wir halt oft erst im letzten Moment in die Klasse gerannt oder überhaupt zu spät gekommen. Aber es hat eh jeder Einsicht gehabt mit uns, weil sie gewusst haben, dass wir zu Hause viel arbeiten müssen.

Manchmal habe ich mir im Geschäft ein Brausesackerl gekauft. Gegeben hat es Zitrone, Orange oder Himbeer. Ich habe immer Himbeer genommen, die war so schön rot! Am Heimweg sind wir bei einem Brunnen vorbeigekommen, ich glaube, da ist immer ein Häferl gestanden. Dort haben wir die Brause zammgerichtet und gleich getrunken.

Im Frühjahr haben wir auch Maiglöckerl gesucht für die Mutter, die Buben haben gerauft und gespielt und sind in den Wald hinein, das Heimgehen hat immer länger gedauert als das Hingehen.

Heimkommen, Essen, Arbeiten, so war das. Aufgabe machen hat es erst am Abend gegeben, wenn es finster war. Wir Dirndln haben uns dann, wenn etwas zum Lernen war, in der Früh im Stall abgefragt.

Am Abend sind wir sicher nicht vor neun ins Bett gekommen, im Sommer ist es auch oft zehn, elf geworden. Wenn es länger licht war, waren wir sowieso auf den Feldern draußen arbeiten. Dann heim, ein bissl was jausnen, füttern gehen, Stall putzen, Abendessen, waschen und eini ins Bett.

Familie Resch

Schutzengel

Wir Kinder haben von klein auf mithelfen müssen, auch die Mädchen. Die älteste Schwester, sie war damals vielleicht zehn, elf Jahre alt, ist einmal allein mit dem Ross Heu holen gefahren. Der Fuchs, mit dem sie gefahren ist, war schon ein altes Pferd, mit ihm hat man nur noch leichtere Arbeiten machen können und er war eigentlich sehr gemütlich.

Wahrscheinlich ist das Ross auf einen Wespenkrug gestiegen, jedenfalls ist es durchgegangen, hurra, gemma! Früher hat es noch die alten gebogenen Heurechen gegeben, im Museum sieht man sie noch manchmal, das Dirndl stürzt vom Wagen hinunter und fliegt in den Heurechen hinein. Das Ross rennt weiter und sie wird mitgerecht! Sie liegt da unten und wird mitgeschleift, es geht bergab und das Ross rennt und rennt. Ihr Glück war, dass unten die Wiese zu Ende gewesen ist. Da ist das Ross momentan stehen geblieben. Ich weiß nicht, wie das sonst ausgegangen wäre! Die hat nicht einen Schutzengel gehabt, sondern gleich mehrere!

Die Fini, eine andere Schwester, hat auch einmal so ein Glück gehabt. Sie hat oben in der Strohhütten das Stroh „anarbeiten" müssen, wie wir sagen, das heißt zurückschieben mit der Gabel, bis die Hütte schön voll ist. Auf einmal rutscht sie mit dem Stroh aus und fliegt hinunter. Jetzt steht unten der alte Traktor und sie fällt genau auf den Sitz! Das hätte auch ganz anders ausgehen können! Wenn sie blöd aufschlagt, fliegt sie auf das Lenkrad oder die Motorhaube. Man weiß nicht, was da passiert wäre!

Der Unfall

Es war ein Samstag. Ich erinnere mich noch, es war ein Winter mit ziemlich viel Schnee, bis in das Frühjahr hinein. Am 18. November hat es angefangen zu schneien und am 22. ist es passiert.

Wir zwei Brüder haben Holz geschnitten, er war 14, ich war 16. Ich habe mit der Kreissäge gearbeitet und habe schon den Motor abgestellt. Dann hat er einen Prügel gesehen und hat sich gedacht, den schneide ich jetzt aber noch. Der Prügel war morsch, er hat ihn mit den Händen abgerissen, dabei ist er gestürzt, mit dem Oberkörper in die rotierende Säge hinein.

Die Schwester hat beim Fenster hinausgeschaut und gesehen, wie ich ihn über Hof führe. „Oh, was ist denn da los?", hat sie sich noch gedacht. Er ist schön mitgegangen, er war ja nicht bewusstlos und wir haben ihn aufs Bett gelegt. Zuerst habe ich gemeint, es wird schon nicht so schlimm sein, aber dann habe ich das Lungenspitzerl gesehen, das beim Brustkorb herausgeschaut hat. Die Lunge war offen, es hat immer so komisch geblubbert und durch das Atmen ist Schaum aus der Wunde herausgetreten. Der Nachbar hat kurz hereingeschaut und hat nur gesagt: „Oje!" Dann ist er sofort den Arzt holen gefahren, weil Telefon haben wir noch keines gehabt.

Der Doktor hat einen dicken Verband aus zwei Handtüchern gemacht, damit nicht so viel Luft ausfahrt. Der Bruder wäre ja fast erstickt, weil kein Vakuum mehr in der Lunge war. Der Arzt hat gesagt, einen halben Zentimeter daneben und er hätte das Herz getroffen und wäre tot gewesen.

Der Doktor hat alles abgedichtet und dann ist es mit der Rettung nach Graz gegangen. Es hat noch keinen Hubschrauber gegeben, nicht einmal eine Asphaltstraße. Auf dem Schotterweg sind wir dahingefahren mit der offenen Wunde und der Bruder war die ganze Zeit bei Bewusstsein. Er hat fast nicht mehr atmen können und hat die ganze Zeit Angst gehabt, dass er erstickt. Im Krankenhaus haben sie ihm sowieso nicht viel Chancen gegeben. Die Eltern und eine Schwester haben ihn im Spital besucht, da ist er ganz allein in so einem finsteren Kammerl gelegen. Die Schwester hat sich gar nicht hineinschauen getraut. Sie hat geglaubt, der überlebt das nicht.

Sein Glück war, dass gerade ein Herzspezialist auf einem Kongress in Graz war. Den haben sie gerufen und der hat ihn operiert. Die Lunge hat er wieder zugenäht, die Rippen zusammengeklammert und nach drei Wochen war er wieder daheim.

Vom Barfußlaufen

Im Sommer hat man die Schuhe sowieso nur zum Kirchengehen gebraucht. Sonst sind wir Kinder immer barfuß gegangen. Wir sind ohne weiteres barfuß über ein Stoppelfeld gegangen, wir haben Stoppeln und Steine nicht mehr gespürt, weil wir alle eine dicke Hornhaut an der Fußsohle gehabt haben!

In der Schule war ein Holzboden, der ist mit Öl eingelassen worden. Natürlich waren wir in der Schule auch bloßfüßig und haben von dem öligen Boden dann ganz schwarze Füße gekriegt! Am Abend haben wir uns halt ordentlich die Füße waschen müssen, bevor wir ins Bett gegangen sind.

Erst wenn der erste Reif gekommen ist, war es aus mit dem Barfußlaufen. Aber im Winter haben die Schuhe oft auch nicht richtig gewärmt, weil sie oft schlecht waren. Da sind uns oft die Zehen kalt geworden.

Der Sonntagsbraten

Sonntags Kirchengehen, das war pünktlich! In unserer Familie sind nie alle zusammen in die Messe gegangen. Die einen sind um sechs Uhr in die Frühmesse, die anderen in die spätere Messe um neun Uhr. Die spät gegangen sind, haben vorher füttern müssen. Zeit zum Kirchengehen war das Wichtigste!

Ich bin meistens in der Frühmesse gewesen, dann schnell heim und schon hat es geheißen, Pipperln abstechen für zu Mittag. Das war die Aufgabe von uns Buben, da werde ich so zehn Jahre alt gewesen sein. Für unsere große Familie haben wir drei Hendln gebraucht, die waren aber auch schwerer als heute.

So ein Hendl musst du zuerst einmal im Hühnerstall drinnen abfangen, dann mit einem Prügel betäuben, abstechen und ausbluten lassen. Nebenher musst schon heißes Wasser richten, denn die Hendln lassen sich viel leichter rupfen, wenn man sie ins heiße Wasser eintaucht, sonst reißt die Haut leicht ein. Dann aufschneiden, heraus mit den Därmen und hinein in die Rein! Wenn die anderen um elf aus der Kirche gekommen sind, waren die Hendln schon im Rohr drin.

Unsere Schwestern haben das Mittagessen komplett alleine gekocht. Die haben das seit der vierten Klasse Volksschule gekonnt, da hat die Mutter nicht helfen müssen. In der Küche, beim Kochen für so viele Leute, da ist es umgegangen! Oft haben die Mädchen beim Kochen und auch beim Abwaschen gesungen, Volkslieder, Wanderlieder, was sie halt auswendig können haben. Dreistimmig! Die haben alle schöne Stimmen gehabt.

Gegessen haben wir um halb zwölf. Zuerst eine Einmachsuppe und dann Hendl mit Reis oder Nudeln, aber selbst gemachten!

Familie Resch

Spielt's schon wieder!

Zum Spielen war ganz wenig Zeit, vielleicht am Abend, bevor es finster geworden ist, am Sonntagnachmittag oder im Winter. „Spielt's schon wieder!", hat die Mutter geplärrt. „Tuat's was arbeiten daweil!" Aber Kinder sind halt so, die wollen ein bissl spielen zwischendurch!

Wir Dirndln haben gerne Puppen gespielt. Wir haben nicht für jedes Mädchen eine Puppe gehabt, deswegen haben wir oft ein Holzscheitl hergenommen, eingewickelt und das war dann unsere Puppe. Unser Puppenwagen war ein Ziehwagerl, ein Leiterwagerl.

Ich kann mich auch erinnern, dass wir Begräbnis gespielt haben. Wenn eine Katze gestorben ist, dann haben wir ein Begräbnis veranstaltet. Wir haben sie auf ein Leiterwagerl gelegt, das haben wir mit ein paar Zweigerln und einem Kranzerl „aufgegrünt". Im Gebüsch haben wir ein Loch gegraben, die Katze hineingetan, ein paar Blumen draufgesetzt und ein Holzkreuz gemacht. Und ein bissl „great" haben wir auch!

Pfarrer haben wir auch gern gespielt. Wir haben uns einen weißen Kittel angezogen und so gesungen wie die Pfarrer, dominus vobiscum, wie es sich gehört. Damals ist in der Messe noch viel Latein gewesen und wir haben uns halt auch ein paar Worte Latein gemerkt.

Spielen ist schöner, wenn viele Kinder da sind. Wir waren ja schon bei uns daheim so viele und dann noch die Nachbarskinder dazu. Kinder wären genug da gewesen! Aber nur in der ersten, zweiten Klasse Volksschule, da haben wir noch Zeit zum Spielen gehabt, später nicht mehr, höchstens wenn es geregnet hat.

Aufs Dach gekraxelt

Direkt Aufsicht haben wir Kinder nicht gehabt. Heute musst du bei einem Kind den ganzen Tag danebenstehen und schauen, bei uns war das nicht so. Vielleicht hat man uns mehr zugetraut und wir haben auch mehr gefolgt. Wir haben einen großen Teich gehabt, ein Biotop, wie man heute sagt, und da sind wir alle drinnen gewesen. Da war kein Zaun und keine Absperrung. Schon als ganz Kleiner sind wir ein Stückerl ins Wasser gegangen, aber nicht weiter. Die Eltern haben gesagt: „Das darfst! Das darfst nicht!"

Der Vater hat eine Mühle gehabt, wo er vor allem das türkische Sterzmehl, den Woaz, gemahlen hat. In der Mühle drinnen war eine Welle mit großen Riemenscheiben, die war nicht abgesichert. Freilich hat er gesagt: „Da darfst nicht hin!" Und wir haben halt gefolgt.

Immer waren wir auch nicht brav, einmal sind wir drei Dirndln spaßhalber auf das Dach vom Wirtschaftsgebäude gekraxelt. Wir haben dort Stroh gearbeitet und dann ist es uns auf einmal eingefallen, dass wir aufs Dach steigen. Wir haben ein paar Ziegel aufgemacht und hinaus. Ganz oben am First sind wir herumgestiegen, die anderen unten haben sich gefürchtet, aber wir nicht! Die Nachbarsleut' sind zusammengelaufen: „Was machen denn die Kinder am Dach oben?" Alle haben Angst gehabt, dass wir nicht mehr hinunterkommen, und sie haben gar nicht gewusst, wie sie uns helfen sollen. Wir sind dann irgendwann einfach wieder bei dem Loch zurückgeklettert. Viel schimpfen hat sich keiner getraut, die waren alle froh, dass wir wieder gesund unten gewesen sind.

Kinder und Pferde

Den Umgang mit den Pferden haben wir von klein auf gelernt. Jedes Kind ist zum Ross hingegangen und die Rösser haben die Kinder auch schon gekannt. Ich hab nie gehört, dass bei uns daheim ein Ross ein Kind getreten oder verletzt hätte.

Da war eine Geschichte beim Erdäpfelausgraben. Wir haben auf dem Acker gearbeitet und zwei Rösser sind mit dem Erdäpfelrotor gefahren, ein paar kleine Kinder waren auch dabei, weil die meisten aufs Feld mitgenommen worden sind. Auf einmal bleiben die Rösser von sich aus stehen, wir haben nicht gewusst warum und sind nachschauen gegangen. Sitzt mitten im Acker ein Kind! Das Kind wird halt herumgegangen sein, hat irgendwas gesehen, ein Steinderl vielleicht. Wenn die Rösser weitergegangen wären, wär' das Kind in den Rotor gekommen. Da bist weg! So etwas überlebt man nicht! Sie haben uns erzählt, so etwas ist öfters vorgekommen, dass ein Ross stehen bleibt oder ausweicht, wenn Kinder spielen.

Mit dem Ross fahren, das haben wir alle gelernt, auch wir Mädchen. Ich weiß noch, wie der Vater mir gezeigt hat, wie ich den Pflug halten soll. Vorne war das Ross, dann ein langer Zügel und ich habe hinten den Pflug halten müssen, 15 Jahre werde ich schon gewesen sein, aber trotzdem war es schwer, vor allem das Umdrehen. Eigentlich ist das eine Männerarbeit, aber ich war die Älteste und

Familie Resch

habe bei allem müssen angreifen. Da haben sie nicht gefragt, ob das eine Männerarbeit ist oder eine Frauenarbeit.

Butten her!

Weinlesen war eine Gaudi, auch für uns Kinder. In Kitzeck, wo wir unseren Weinberg haben, waren wir oft 15, 16 Leute und mehr. Alle sind gern lesen gegangen und haben schon auf den Tag gewartet!

Bei der Weinlese haben wir kein normales Arbeitsgwand getragen. Da waren wir alle ein bissl schöner angezogen, damals haben wir gesagt: das Sonntagsnachmittagsgwand! Das war ein besseres Gewand, schön, aber ohne Krawatte.

Es war lustig und keine harte Arbeit, es ist mehr um das Zusammensein und um die Unterhaltung gegangen. Auf das gute Essen haben wir uns auch gefreut, das ist im Kellerstöckl gerichtet worden.

Zu zweit nimmt man sich eine Zeile im Weinberg vor und wenn der Kübel voll ist, ruft man: „Butten her!" Die Buben haben die Butten getragen und die

Mädchen haben hineingeklaubt. Im nächsten Weingarten hat der Nachbar gelesen, da haben wir hinuntergejuchzt und der wieder herauf. Es war halt immer eine Gaudi dabei.

Am Johannitag nach Weihnachten ist der Wein in der Kirche gesegnet worden. Wenn der Vater mit dem Johanniswein heimgekommen ist, dann haben wir alle davon trinken dürfen. „Trinken wir den heiligen Johannissegen, der böse Feind soll bleiben hinterwegen", das Sprücherl haben wir sagen müssen, dann hat jeder einen Schluck trinken dürfen, auch die Kinder.

Die Festtagsstimmung

Die Adventzeit war immer sehr besinnlich. Jeden Tag, wenn am Abend alle mit der Arbeit fertig waren, ist die Familie beim Tisch zusammengekommen. Dort im Eck ist der Adventkranz gehängt, wir haben die Kerzen angezündet und haben vor allem gebetet. Jeden Tag ist der Rosenkranz gebetet worden. Die Dirndln haben ein paar Adventlieder gesungen, aber Lebkuchen oder Kletzenbrot hat es nicht gegeben. Das haben wir erst zu Weihnachten gekriegt.

Die Adventfeier war für uns Kinder Pflicht, auch für die ganz Kleinen. Wir haben alle still sein müssen, die Kleinen haben manchmal ein bissl geraunzt, das schon, aber wenn sie lauter waren, ist die Mutter mit ihnen „abgefahren".

In der Adventzeit hat jeden Tag eines der Kinder zur Rorate gehen müssen. Einmal ist ein Elternteil mitgegangen, einmal die Tante, einmal ein größeres Geschwister. Die Rorate war täglich um sechs Uhr in der Kirche in St. Stefan, da war es natürlich noch stockfinster. Wir sind mit der Laterne in der Hand dorthin gegangen, das war eine schöne Einstimmung auf Weihnachten hin.

Vor Weihnachten ist bei uns richtig geputzt worden, mehr als zu Ostern, weil einfach mehr Zeit war. Da ist alles komplett übergedreht worden! Jedes Küchenladl herausgenommen, sauber gewischt und wieder hinein. Die Böden sind gebürstet worden, die Kästen in den Zimmern, die Betten, alles, komplett und überall! Teilweise haben wir noch „Woazschippenpolster" gehabt, das waren Matratzen mit Maisstroh gefüllt. Im Herbst beim „Woazschälen" haben wir die schöneren Blätter dafür auf die Seite getan. Zu Weihnachten hat man dann das Maisstroh in einen Leinensack hineingestopft und fertig waren die frischen Matratzen! Die vom Vorjahr waren durch das Liegen ja meistens schon ganz zusammengeknickt.

Eine ganze Woche und noch mehr haben wir gearbeitet, bis das ganze Haus geputzt war. Nebenbei musste man auch noch die Mehlspeisen und die Kekse machen. Da war die Küche voll, alle haben zusammengeholfen.

Die Buam haben inzwischen draußen gearbeitet. Holz kliebn, Holz richten und im Stall ausweißen und putzen, vor allem die Fenster.

Am Heiligen Abend, am Nachmittag, haben wir uns alle waschen gehen müssen. In der sogenannten Sauküche war eine Badewanne drinnen mit heißem Wasser. Da sind wir alle hinübergerannt, haben uns schön gewaschen, angezogen und dann im Stüberl auf die Bescherung gewartet. Meistens haben wir ein Vaterunser gebetet, wir Mädchen haben ein Weihnachtslied gesungen und inzwischen ist das Christkind gekommen und hat den Baum und die Geschenke gebracht. Ans Christkind haben wir lange geglaubt, bis zum 10., 12. Lebensjahr.

Jedes Kind hat bekommen, was es braucht. Die Eltern haben gemeinsam die Geschenke ausgesucht und anständig eingekauft, für jeden etwas. Ich kann mich noch erinnern, ich habe einmal einen roten Mantel gekriegt. So ein weinroter Mantel war das! Wie ich mich gefreut habe! Ich weiß noch, wir sind bei der Tür hineingegangen und da ist der rote Mantel gehängt. „Das ist mein Mantel!", hab ich gesagt. „Der gehört mir!" Sonst hat es meistens Pullover gegeben oder lange Unterhosen, ein Hemd oder ein Unterleiberl. Weihnachten war die einzige Gelegenheit, wo wir etwas Neues bekommen haben. Sonst haben wir ja immer müssen aufbrauchen, was die Vorderen gehabt haben.

Beim Christbaum haben wir immer zuerst „Oh du Fröhliche" und dann „Stille Nacht" gesungen und ein Gsetzerl aus dem Rosenkranz gebetet: „Den die Jungfrau zu Bethlehem geboren hat". Wenn die Geschenke ausgeteilt waren und die Feierlichkeiten vorbei, dann ist der Baum oben an der Decke mit dem Wipfel aufgehängt worden. Wahrscheinlich hat man das gemacht, damit die Kinder nicht dazukommen, sonst wäre der Christbaum am nächsten Tag schon leer gewesen!

Auf Weihnachten haben wir uns vor allem wegen dem Essen am Christtag gefreut. Da hat es ein dreigängiges Menü gegeben, Gekochtes, Gebratenes und Gebackenes, das haben wir sonst nie gehabt. Zuerst hat es eine Nudelsuppe gegeben, dann Rindfleisch mit Semmelkren und Apfelkren, nachher einen Schweinsbraten und zuletzt ein Backhendl. Dazwischen noch ein Semmeltommerl, das war eine Süßspeise mit Rosinen. Jeder hat ein Stückerl von dem Tommerl gegessen. Wo haben wir das nur alles hingegessen? Wahrscheinlich haben wir von überall genommen, aber nur wenig, obwohl, mehr als heute haben wir damals schon essen können.

Als Beilage zum Schweinsbraten hat es Salat gegeben und zum Backhendl ein Triet. Da sind aufgeschnittene Semmeln auf einen Teller gekommen und mit Wein übergossen worden.

Drei Sorten Fleisch auf drei Arten zubereitet, so war es der Brauch und dann ist die Festtagsstimmung gekommen!

Von Weihnachten bis Dreikönig

Die Zeit von Weihnachten bis zum Dreikönigstag war sehr ruhig, alles war stimmungsvoller als heute. Meistens hat es auch viel Schnee gegeben und kalt war's. Wir sind in der Stuben beieinandergesessen, die Frauen haben gestrickt und genäht oder etwas ausgebessert und wir Kinder haben „Schwarz Peterl" gespielt. Manchmal hat der Vater uns auch schon schnapsen gelernt. Wir haben uns fast den ganzen Tag in der Stube aufgehalten, wir waren unter uns in der Familie, wir waren einfach beieinander. Ich glaube, dass früher überhaupt alles familiärer war und nicht so hektisch wie heute. Das war einfach eine stillere Zeit!

Zwischendurch sind die Neujahrgeiger gekommen, das sind Musikanten, die vom Stefanitag bis Neujahr von Haus zu Haus gehen und ein gutes neues Jahr wünschen. Wenn die beim Nachbar gespielt haben, hast du sie schon gehört und gewusst: „Jetzt kommen die Neujahrgeiger!" Zuerst haben sie vor unserem Haus aufgespielt, dann erst sind sie hereingekommen und haben ihre Neujahrswünsche gebracht. Natürlich haben sie ein bissl was als Spende kassiert und meistens haben sie auch ein Stamperl gekriegt. Gegen Abend waren die schon wackelig unterwegs!

Immer wieder ist eine Partie gekommen. Manchmal waren das nur zwei, drei, manchmal eine ganze Musikkapelle. Gewöhnlich war eine Ziehharmonika dabei, eine Klarinette und auch eine Geige. Wir haben uns immer gefreut, wenn die Musikanten gekommen sind!

Am Tag der unschuldigen Kinder sind wir mit der Rute gelaufen und haben ein bisserl geschnalzt. Unser Sprücherl war: „Frisch und gsund, frisch und gsund, s'ganze Jahr rund und gsund, lang leben, gern geben, s'Christkindl am Hochaltar wünscht euch ein neues Jahr!"

Familie Resch

Ostern

Den ganzen Karfreitag und am Ostersamstagvormittag war strenger Fasttag. Am Karfreitag ist nur das Notwendigste gegessen worden. Zum Frühstück hat es wenig harte Sachen gegeben, nur eine saure Suppe vielleicht, mit eingebrocktem Schwarzbrot. Zu Mittag einen Sterz oder einen Schmarrn, aber von allem nur wenig, am Abend das Gleiche und zwischendurch eventuell einen Apfel. Das Fasten am Karfreitag ist ganz streng gehalten worden. Am Samstag war es noch der Brauch, dass man bis 11 Uhr Vormittag wenig gegessen hat. Danach sind wir nach St. Stefan in die Anbetungsstunde gegangen. Wenn wir heimgekommen sind, gegen sechs, dann ist das „Weichfleisch" gegessen worden. Ostereier hat es auch gegeben, die sind am Ostersonntag nach dem Kirchengehen gesucht worden.

Am Ostersonntag haben wir uns schon auf das Weihfleisch gefreut! Und wie! Vor allem weil wir ja überhaupt selten Fleisch gegessen haben. Am Ostersonntag zu Mittag hat es zuerst Rindfleisch gegeben, dann ein Schnitzl und dann noch einmal das Weihfleisch.

Leibspeisen aus alter Zeit

„Was ich als Kind gerne aß"

Anni Grundner, Niederöblarn

Eingemachte Mehlfarferl

Besonders gut, wenn es am Boden ein bissl anbrennt!

Zutaten: 150–200 g Weizenmehl, Prise Salz, Wasser, 1 Ei, 1 l Milch, etwas zerlassene Butter, Zucker, Zimt

Zuerst macht man die Farferl: Aus Wasser, Mehl und einem Ei macht man ein Gemisch, ein wenig salzen muss man auch. Das zerbröselt man dann mit den Händen, bis gröbere, größere und kleinere Farferln entstehen, auch ein wenig lockeres Mehl darf noch dabei sein, das macht gar nichts.

Das wird alles in die kochende Milch hineingegeben, wir haben früher dafür eine Pfanne verwendet, und soll 10 bis 15 Minuten bei nicht zu starker Hitze köcheln. Das Farferl kocht sich ein und soll schön dick werden. Es darf aber nicht breiartig sein. Es dickt durch das lockere Mehl ein, aber ein Teil Nockerln soll schon noch erkennbar sein.

Besonders gut ist das Milchfarferl, wenn es am Boden ein bissl anbrennt und braun ist. Das ist das Beste! Darauf kommt zerlassene Butter, Zimt und ein wenig Zucker. Früher haben wir eigentlich nicht gezuckert, weil wir sehr sparsam mit dem Zucker waren.

Serviert wird die Pfanne auf einem Kochgock. Die Pfanne steht da zuerst flach drauf und wenn alle ausgeschöpft haben, dann wird der Pfannenstiel erhöht, damit die Pfanne schief wird und man auch den Rest noch rauskriegt.

Leibspeisen aus alter Zeit

Eingemachtes Lammfleisch

Dazu ein Krautsalat, das ist ganz gut!

Zutaten: 1 kg Lammfleisch, 5–6 große Zehen Knoblauch, 1 Zwiebel, drei Karotten, 1 Petersilwurzel, 1 Stück Sellerie, Salz, etwas Suppenwürze, frischen Liebstöckel, 1/8 Schlagobers

Was mir als Kind am liebsten war, war ein eingemachtes Lammfleisch. Da wird ein junges Lamm gekocht und damit hat man auch gleich eine Suppe. Natürlich muss man gut würzen, es kommen viele Zusätze in die Suppe hinein.

Verschiedene Teile vom Lamm werden im heißen Wasser zugestellt. Man kann Schulter nehmen, vom Bauch oder Haxeln, wichtig dabei sind die Knochen, weil die den Geschmack geben. Dann kommen Karotten, Petersilie und Sellerie hinein, alles klein geschnitten. Außerdem noch Zwiebel und Knoblauch. Ich nehm' schon 5–6 Zehen Knoblauch auf einen Topf. Ich schäle den Knoblauch und halbiere ihn, damit der Geschmack herauskommt. Eine halbe Zwiebel lege ich kurz auf die heiße Herdplatte, wenn sie ein wenig braun ist, kommt sie auch dazu in die Suppe.

Sellerie, Petersilie und Karotten kann man natürlich auch in normaler Form dazugeben. Ich habe mir den Sellerie, die Petersilie und die Karotten schon im Sommer fein zerkleinert und mit Salz konserviert. Davon nehm' ich für die Suppe 2 bis 3 Löffel.

Suppenwürze gebe ich auch dazu, früher hat man das nicht gemacht, man hat überhaupt nicht so viel gewürzt wie heute. Und, ganz wichtig für den Geschmack, eine halbe Stunde, bevor es fertig ist, Liebstöckel. Das ist ganz wichtig!

Man lässt das Fleisch circa 1 ½ bis 2 Stunden köcheln, bis es weich ist, dann nimmt man es heraus und macht eine helle Einbrenn. Jetzt mit Suppe aufgießen und mit Obers verfeinern. Das Fleisch löst man von den Knochen und gibt es zerkleinert in die Soß' hinein. Dann kocht man noch einmal kurz auf, damit sich alles verbindet.

Beim Tisch schöpft sich jeder, so viel er will, auf den Teller.

Als Beilage kann man Semmelknödeln geben oder wer mag Kartoffel oder Nockerln. Ein Krautsalat dazu ist natürlich ganz gut! Wie überhaupt zu einem Lammgericht ein Krautsalat immer passt.

Leibspeisen aus alter Zeit

Roggenkrapfen mit Duschn

Roggene Steirerkrapfen hat es bei uns jeden Samstag Abend gegeben!

Zutaten: 50 dag Roggenmehl, ½ l Buttermilch oder Milch, Prise Salz, Schweineschmalz

Steirerkrapfen mit Duschn, Erdäpfel und Steirerkas, das war bei uns daheim eine Samstagabendkost. Die Krapfen hat man in die Hand genommen, wir haben die nie mit Messer und Gabel gegessen. Wir haben mit dem Löffel von den gekochten Erdäpfeln abgestochen und auf den Krapfen gegeben, Steirerkas drübergestreut und dann alles eingerollt. So hat man die Krapfen gegessen und löffelweise die Rüben, die Duschn, dazu.

Bis Montag, Dienstag haben die Krapfen gehalten. Das war dann ein gutes Frühstück zum Kaffee.

Aus Buttermilch oder Milch, Salz und dem Roggenmehl macht man den Teig. Die Milch muss kalt sein, manche nehmen auch nur kaltes Wasser. Der Teig soll in der Konsistenz so sein wie ein Brotteig, nicht zu fest und vor allem nicht zu weich. Ein bissl rasten lassen und dann rollt man den Teig in eine Schlangenform, etwa unterarmdick, circa 4 Zentimeter. Davon schneidet man 1,5 Zentimeter starke Scheiben herunter. Die Scheiben werden beidseitig bemehlt und dünn wie Palatschinken ausgewalkt. Zwei bis drei Millimeter brauchen sie nur dick sein, aber gleichmäßig, das ist wichtig!

Die ganzen großen Bauern haben früher eine große Pfanne gehabt, wir nur eine mittlere. Mit der großen Pfann' sind das natürlich große Krapfen geworden, wir haben gesagt Großbauernkrapfen. Die anderen waren die Keuschlerkrapfen. „Host scho wieder so Keuschlerkrapfen gmocht!", hat's oft geheißen.

Die Krapfen sind dann übereinandergelegt worden, ohne dass sie zusammenpicken. Das war Gefühlsarbeit. Nicht zu viel Mehl und nicht zu wenig!

Inzwischen hat man das Schweineschmalz auf dem Ofen heiß gemacht. Das Schmalz muss 4 bis 5 Zentimeter hoch in der Pfanne stehen. Man kann natürlich auch Öl nehmen, aber das ist eine bodenständige Kost, dazu gehört ein Schweineschmalz.

Das Fett soll sehr heiß sein, es soll rauchen. Dann geht alles sehr schnell, deshalb muss man vorher den Platz gut vorbereiten, wo man die Krapfen herausgibt. Die Krapfen werden einzeln in die Pfanne eingelegt, meistens schüttelt man auch ein wenig die Pfanne. Mit dem Krapfenspieß dreht man die Krapfen um, das geht in Sekundenschnelle. Die Krapfen gehen wie Polster auf, sie sind richtig, wenn sie schön aufgehen. Es darf überhaupt kein Zug sein, nicht einmal ein Dunstabzug darf eingeschaltet sein!

Krapfenbacken lernt man nicht von heut' auf morgen, das lernt man durch Erfahrung.

Duschn (Weiße Rüben)

Zutaten: 500 g Rüben, 12–15 dag Rindsschmalz, 20 g Mehl, Salz, 1 TL Kümmel, 1–2 EL Zucker

Die Duschn haben wir selbst angebaut und im Herbst in der Tenne gelagert. Das ist eine Rettichart, eigentlich weiße Rüben, die haben wir gekocht und abgeschmalzen.

Die Rüben schälen, in kleine Würfel schneiden und gut bedeckt in Salzwasser mit einem Teelöffel Kümmel kochen. Wenn sie weich gekocht sind, seiht man sie ab und stampft sie sehr fein. Je nach Geschmack gibt man einen oder zwei Esslöffel Zucker dazu, danach erhitzt man das Rindsschmalz, der Rindsschmalzgeschmack ist wichtig, und übergießt damit die Rüben.

Leibspeisen aus alter Zeit

Theresia Kain, „Schneider-Resl", Bad Goisern

Hasenöhrln

Hasenöhrln haben wir grad ein Mal im Jahr gekriegt.

Zutaten: 1 kg mehlige Erdäpfel (Kartoffel), 25 dag Mehl, Salz, 1 bis 2 Eier, Schweineschmalz oder anderes Fett zum Ausbacken

Hasenöhrln hat es gegeben, sobald wir Schmalz ausgelassen haben. Für uns Kinder war das so viel wie ein Weihnachtsessen.

Die Erdäpfel werden gekocht und noch heiß durch eine Erdäpfelpresse gedrückt. Jetzt gibt man alles auf ein Nudelbrett, salzt es, gibt die Eier oben drauf und das Mehl auch. Alles wird gut vermischt und abgearbeitet. Dann walkt man den Teig aus und schneidet mit dem Teigradl Dreiecke oder Vierecke aus, so zehn cm groß und allweil ein Schnitterl in die Mitte, damit der Teig recht schön aufgeht. Dann wird es im Schweineschmalz schwimmend herausgebacken.

Auf den Tisch gekommen ist eine große Schüssel Hasenöhrl und eine Schüssel rohes Sauerkraut, wir haben immer frisches Sauerkraut vom Fassl gehabt. Gegessen haben wir die Hasenöhrl mit den Händen, ohne Messer und Gabel, aber jeder hat einen Teller gehabt oder ein Bretterl. Man nimmt sich ein Hasenöhrl, gibt Sauerkraut drauf und rollt das zamm, so ist es bei uns gegessen worden!

Grießknödel

Im Salzkammergut isst man diese Knödel zu einer heißen Rindsuppe.

Zutaten: 2 Tassen Grieß, ein wenig Butter, 2 Tassen Wasser, Salz

Grießknödel sind eine derbe Kost. Ich glaube, sie waren nur bei uns im Salzkammergut gebräuchlich. Zuerst wird der Grieß gesalzen und mit der heißen Butter, man kann auch ein anderes Fett nehmen, übergossen. Nicht zu viel Butter nehmen, sonst zerfallen die Knödel. Dann lässt man alles ziehen. Nachher gießt man kochendes Wasser darüber und rührt die Masse zu einem nicht zu weichen Teig. Jetzt formt man kleine Knödel und lässt sie im kochenden Wasser ziehen.

Leibspeisen aus alter Zeit

Ella Rießner, St. Nicolai im Sölktal

Schnidn

Hat's bei uns immer am Heiligen Abend zu Mittag gegeben.

Zutaten: 50 dag Mehl, 8 dag Butter, 6 dag Zucker, 3 dag Germ, ein wenig Rum, 2 Eier, ¼ Liter Milch, Marmelade zum Füllen

Am Heiligen Abend zu Mittag war noch Fasttag. Da hat es bei uns immer eine Eintropfsuppe gegeben und Schnidn, eine Schmalzkost halt.

Für die Schnidn macht man einen Germteig, ich schlag ihn mit der Hand so lange, bis „der Teig vom Kochlöffel weggeht". Dann lass ich ihn beim Herd gut aufgehen. Ich richte mir das Brettl her und walke den Teig nicht aus, sondern mit dem Esslöffel fahr' ich zuerst ins Mehl und dann in den Teig und steche Patzerln ab. Die kommen der Reihe nach aufs Brett. Jetzt ziehe ich jedes länglich auseinander, circa zehn Zentimeter lang, und gebe ein bissl Marmelade drauf. Dann lege ich die Taschen zusammen und drücke sie am Rand fest zu. Die Schnidn sind so fünf, sechs Zentimeter lang. Noch einmal gehen lassen und in schwimmendem Fett ausbacken. Das sind die Schnidn, sie müssen schön länglich sein!

Ge'nder Strudel (Gehender Strudel)

Den hat es nur zum Krampus gegeben, sonst nie!

Zutaten: für den Germteig: gleiche Masse wie für „Schnidn", außerdem: blättrig geschnittene Äpfel, Butter, Rosinen, Zimt, Zucker

Man macht einen Germteig und walkt ihn aus. Darauf kommt „rinnate", zerlassene Butter, dann blättrig geschnittene Äpfel, Zimt und Zucker, Rosinen nicht vergessen. Der ist zammgerollt worden und im Rohr gebacken.

„Ender" hat ihn so immer die Mutter gemacht.

Leibspeisen aus alter Zeit

Familie Resch, St. Stefan im Rosental

Saure Schwammsuppe

Die ist guat, die Suppn!

Zutaten: 1 l Wasser, Salz, 20–30 g Mehl, Essig, 20 dag Schwammerl (Pilze)

Man siedet Wasser und dann gibt man die geputzten und geschnittenen Schwamm hinein. Wenn alles ein wenig gekocht hat, rührt man ein wenig Mehl in ein Häferl Essig und schüttet das dazu. Salzen darf man nicht vergessen!

Saure Selchsuppe

Die war unser Frühstück am Ostersonntag!

Die Selchsuppe macht man gleich wie die Schwammsuppe, nur verwendet man das Wasser, in dem das Selchfleisch gekocht worden ist. Die saure Selchsuppen hat es bei uns immer am Ostersonntag als Frühstück gegeben, ein weißes Brot hinein, das war etwas Besonderes! Weil, so oft hat man ja nicht Fleisch gekocht, dass man diese Suppe machen kann. Noch heute, wenn ich ein Geselchtes koche, mache ich mir diese Suppe! Das haben wir von früher so gelernt und ich esse die Suppe heute noch gern!

Hoadntommerl (Heidentommerl)

A saure Suppen dazu, das hat uns die Mutter zum Frühstück gemacht.

Zutaten: ½ Liter Wasser, 25 dag Heidenmehl (Buchweizenmehl), Salz, 10 dag Schweineschmalz

Aus Heidenmehl, Wasser und Salz wird das Tommerl gemacht, einfach abrühren, der Teig soll so dünn sein wie ein Palatschinkenteig. Der kommt in die gefettete Rein hinein, wir haben dafür runde, gusseiserne Pfannen gehabt, und hinein in's Rohr.

Leibspeisen aus alter Zeit

Breintommerl

A saure Suppe dazu, das ist ein wunderbares Mittagessen!

Zutaten: ½ Liter Wasser, 25 dag Heidenmehl (Buchweizenmehl), 1 bis 2 Stück Breinwürstl

Das Breintommerl geht gleich wie das Heidentommerl, nur nimmt man statt Wasser die Suppe, in der die Breinwürstl gekocht worden sind. Das schmeckt halt besser! Wer gerne Breinwürstl mag, nimmt ein Paar, sonst reicht auch ein Stück.

Die Breinwürst' zerreiß ich, tu ein bissl Suppe drauf und Mehl hinein und das kommt dann ins Rohr, bis es knusprig ist. A saure Suppen dazu, Grammeln drauf auf die Suppen und das ist ein wunderbares Mittagessen!

Serviert wird so: Jeder kriegt auf seinen Teller ein Stück Tommerl und dann kommt die heiße Suppen drauf.

Semmeltommerl

Das hat's zu Weihnachten zwischen dem Schweinsbraten
und dem Backhendl gegeben.

Zutaten: 2–3 altbackene Semmeln, ¼ l Milch, 3 Eier, Rosinen, Salz, Zucker, Zimt

Zuerst schneidet man die Semmeln blättrig, dann versprudelt man die Milch und die Eier, je mehr Eier, desto besser, und zuckert ein wenig, wenn man es gerne süß hat. Jetzt alles über die Semmeln gießen, sie sollen angesoffen sein, aber nicht zu flüssig. Das lässt man ein bisschen stehen und verquirlt es dann noch einmal. Die Semmeln sollen dabei nur ein bissl zerreißen.

Dann kommt die Masse in eine gefettete Rein, aber ein Tommerl darf nie zu hoch sein! Nie höher als 2 3 Zentimeter! Wenn das Tommerl schön braun ist, auch „zuunterst", dann wird noch mit Zimtzucker angezuckert.

Leibspeisen aus alter Zeit

Triet

Gut als Beilage zum Backhendl

Zutaten: Altbackene Semmeln oder Zwieback, Wein, Zucker, Zimtstangen, Gewürznelken

Das Triet wird für jede Person extra auf einem kleinen Teller angerichtet. Zuerst gibt man die blättrig aufgeschnittenen Semmelscheiben hinein. Die werden mit einer Art Glühwein übergossen. Dafür wird der Wein gezuckert und mit den Gewürzen aufgekocht. Dann muss man ihn abkühlen lassen, bevor man ihn über die Semmeln gießt.

Mehlkoch mit Eierspeis

Das hab' ich als Kind gerne gegessen.

Zutaten: ½ Liter Milch, 100 g Mehl, Salz, 2–3 Eier

Das Mehl wird mit wenig Wasser angerührt und in die siedende Milch eingekocht. Die Milch soll ein bissl dicker werden, so wie ein Koch. Jetzt wird extra die Eierspeis gemacht und dann so zerrissen, dass kleine Bröckerl werden. Die gibt man in das Koch, das Ganze wird gesalzen und ist ein gutes Abendessen.

Leibspeisen aus alter Zeit

Christine Zeiler, Niederöblarn

Kletzenbrot

Ich kann alle Zutaten nur beiläufig angeben, bei mir wird nicht gewogen. Und es gelingt eigentlich immer wieder!

Am Vortag schneide ich die Kletzen klein, die ich selbst getrocknet habe. Wir haben dafür vor dem Haus einen eigenen großen „Roanbirnbaum", nur für die Kletzen. Feigen, Rosinen und Nüsse kommen noch dazu, heute nimmt man auch ein wenig Aranzini und Zitronat. Das alles wird mit Rum befeuchtet und über Nacht warm stehen gelassen.

Am Vorabend wird auch der Sauerteig angerührt. Ich habe immer noch ein Kugerl Sauerteig vom letzten Brotbacken übrig. Daraus rührt man mit warmem Wasser und mit Mehl ein Dampfl an. Gehen lassen, dann kommt das Dampfl in das vorgewärmte Brotmehl, Roggenmehl und ein bisserl Weizenmehl, hinein. Man gibt Salz dazu und Brotgewürze, für das Kletzenbrot nehme ich Leinsamen und ein bisserl Sonnenblumenkerne, Fenchel ist auch recht gut. Der Teig wird gut gekneted und dann gehen gelassen, so 1,5 bis 2 Stunden.

Dann werden die Brotlaibe gemacht. Dafür nehme ich eine Teigkugel aufs Brettl und die wird ein bissl plattgedrückt. Und da kommen jetzt die Zutaten für das Kletzenbrot drauf, die Früchte halt, die ich am Vortag eingeweicht habe. Dann wird noch ein Zeltengewürz darauf gestreut und alles gut vermischt. Ich muss sagen, das ist schon eine Arbeit! Vor allem wird alles klebrig an den Händen. Aber die Früchte müssen so richtig gut in den Teig hineingeknetet werden. Zuletzt mache ich einen Mantel über den Laib. Da nehme ich wieder so ein kleines Teigkugerl und rolle es rund aus. Das ist der Mantel, der bleibt ohne Früchte, der kommt darüber, dass das Kletzenbrot nicht verbrennt.

So eine Dreiviertelstunde soll man die Laibe gehen lassen, dann wird es bei 250 Grad gute eineinhalb Stunden gebacken.

Elfriede Brunner, Bad Gastein

Roggene Nudeln, Rohrnudeln

Hat es immer Samstag zu Mittag gegeben!

Zutaten: 500 g Roggenmehl, Salz, 1/4 l Wasser, ev. 1 bis 2 Eier, Salz, 30 g Germ, Fett für die Rein

Die roggenen Nudeln haben wir daheim immer mit Sauerkraut gegessen. Den Germteig hat die Mutter ohne Eier und ohne Fett zubereitet, aber wer will, kann schon ein, höchstens zwei Eier dazunehmen. In dem Fall muss man das Wasser mit den Eiern versprudeln. Den Germteig gut gehen lassen und danach mit einem Löffel vom Teig Stückerln ausstechen und nebeneinander in die gefettete Rein setzen. Jetzt werden die Nudeln im Rohr ausgebacken. Wenn vom Essen etwas übrig bleibt, kann man die Reste blättrig schneiden und gut anrösten. Da werden die Nudeln schön resch!

Namenstagsgugelhupf

Für das Namenstagskind hat es immer einen Gugelhupf gegeben!

Zutaten: 12 dag Butter, 12 dag Zucker, 2 Eier, 2/8 bis 3/8 l Milch, 50 dag Mehl, 1 Packung Backpulver, 5 dag Rosinen

Heute hat man so viele Rezepte, früher hat man einfach ein Rezept gehabt und das immer wieder gemacht. Kuchen hat es bei uns sehr selten gegeben, eigentlich nur den Gugelhupf zum Namenstag. Am Wochenende hat die Mutter höchstens Wuchtln, Rohrnudeln, gebacken. Kuchen zum Kaffee, wie heute, hat es überhaupt nie gegeben. Für den Gugelhupf hat die Mutter höchstens zwei Eier genommen, weil sie nicht so viele gehabt hat. Man rührt die Butter, den Zucker und die Eier schaumig. Das Mehl wird mit dem Backpulver vermischt und mit der Milch daruntergerührt, dass ein nicht zu fester Teig entsteht. Alles wird in einer gefetteten und gestaubten Gugelhupfform nicht zu heiß gebacken. Wer will, kann den Gugelhupf vor dem Servieren anzuckern.

Glossar

abschappeln: abkratzen

anlegen: auch: anziehen

Blunzen: Blutwurst

Brein: enthülste Hirsekörner

Budn, Heubudn: gestampftes und zu einer viereckigen „Budn" zusammengebundenes Bergheu, das entweder auf dem Kopf oder im Winter mit einem Schlitten zu Tal gebracht wurde

Burgunder: Burgunder-Rübe

Dampfel: Vorteig aus Hefe, Milch, Zucker und Mehl

Duschn: weiße Rüben

Trifuß: Dreifuß, dreibeiniger eiserner Untersatz, um Kochgefäße über dem offenen Feuer darauf zu stellen

Erdäpfel: Kartoffel

Farferl: mit der Hand abgebröselter Mehl-Wasser-Eiteig oder Mehl-Milch-Eiteig

Firta: Schürze

Flachs: gemeiner Lein, Faserpflanze, die daraus gewonnene Faser wird nach dem Weben Leinen genannt.

God, Godn: Pate, Patin

Graß: Fichtenreisig

Mus: hier: Mehlsterz

gar: fertig gekocht

Germ: Hefe

Geselchtes: Selchfleisch, Räucherfleisch

Grammeln: Grieben

Häferl: Tasse

Häusl: auch: Plumpsklosett

Heidenmehl: Buchweizenmehl

Heiel: Wiege

Kardatsche: Wollreißerei, die Bauern brachten ihre Schafwolle zum Kardieren dorthin. Bei diesem Vorgang wurde die Wolle gelockert (gerissen), gekämmt und in eine Richtung gelegt

Kletzen: Dörrbirnen

kluag: auch: karg

Glossar

Kochgock: Untersatz zum Schutz der Tischfläche vor der heißen Pfanne
Kren: Meerrettich
Leitn: steile Wiese
luckert: löchrig
marod: krank
Mensch: auch: Mädchen
Palatschinke: Pfannkuchen
Pfoat: Hemd
Polentamehl: Maismehl
Ranggeln: Bäuerliches Ringen, vor allem im Alpenraum verbreitet.
rearn: weinen
Rein: großer Topf, Bratform
Scherzel: Endstück vom Brotlaib
sieden: kochen
Sur: Salzlake
Rahm: Sahne
resch: knusprig
sauber: auch: schön, z.B. ein sauberes Dirndl
Schotten: aus Buttermilch erzeugter Magertopfen (Magerquark)
Schwamm, Schwammerl: Pilz
Schwarzbeeren: Heidelbeeren
Speik: Baldriangewächs, dessen Wurzelstock besonders stark duftet, wurde früher für Parfum- und Seifenherstellung verwendet. Heute steht die Pflanze unter strengem Naturschutz
Störschneider: wandernde Handwerker, die ihre Tätigkeit im Hause des Auftraggebers ausführen
Tommerl: Ofensterz, Mehl und andere Zutaten werden kalt angerührt und dann im Ofen gegart.
Trempel: Bezeichnung für Stall im mittleren Ennstal
Troad: Getreide
Weichfleisch: geweihtes Fleisch
Weihbrunn: geweihtes Wasser
Woaz: Mais
Zelten: Lebzelt
Zutzl: Schnuller

Glossar

Übersetzung des oststeirischen Textes von Seite 72 ins Hochdeutsche:

„Wenn du erratest, wie viele Krapfen ich in meiner Schürze drinnen habe, dann gehören alle sieben dir!" „Etwa sieben wirst du drinnen haben!" „Meine Güte, bist du ein erratener Teufel! Jetzt kriegst du keine! … Recht geschieht dir!"
Die Ausdrücke „Schleckapatzl" und „Schaa" sollen eine leichte Verhöhnung des Gegners ausdrücken.

Bildnachweis

Familie Resch, St. Stefan im Rosental: Titel, Seite 65, Seiten 68, Seite 109, Seite 120, Seite 132
Familie Kain, Bad Goisern: Seite 11, Seite 53, Seite 87
Familie Lindner, Graz: Seite 19, Seite 125
Familie Rießner, St. Nicolai in der Sölk: Seite 25, Seite 29, Seite 37, Seite 114, Seite 147
Familie Grundner, Niederöblarn: Seite 46, Seite 50, Seite 58, Seite 123 , Seite 141
Familie Malzer, Anif: Seite 77, Seite 82
Familie Zeiler, Niederöblarn: Seite 91, Seite 93, Seite 97
Familie Wörnschiml, Eisenerz: Seite 100
Familie Huber, Donnersbach: Seite 111, Seite 119
Privatbesitz: Seite 3, Seite 45, Seite 105

Mirnseneder Hans
Weilmsell. 2007

Kindheit in alter Zeit
Hg. von Traude
und Wolfgang Fath

2006. 15,5 x 23,5 cm.
191 S. 32 s/w-Abb. Geb.
EUR 19,90
ISBN 978-3-205-77514-0

Eindrucksvolle Erinnerungen an die Kindheit auf dem Land. Die Autorinnen und Autoren gehören einer Generation an, die in ihrer Kindheit vieles erleben musste. Kinder, die sich trotz harter Lebensbedingungen in dieser Welt geborgen fühlten und sie mit hoher Sensibilität wahrgenommen haben. Auf sehr natürliche Weise werden in diesem Buch die Kindheitserlebnisse rund um den bäuerlichen Alltag erzählt und so wieder zum Leben erweckt. Die Kinder von damals wuchsen von klein auf in noch gelebtes Brauchtum hinein. Die dörfliche Idylle scheint noch unangetastet, aber das Leben auf dem Land war – auch für Kinder – nicht immer unbeschwert. Wie schwer es in dieser Zeit oft war, die Familien zusammenzuhalten – oft fehlte schon in jungen Jahren ein Elternteil –, wie ärmlich es aus heutiger Sicht in manchen Familien zuging, aber auch: mit wie wenig die Leute zufrieden waren, das und mehr wird in diesem Buch erzählt. Der Blick zurück richtet sich auf typische Begebenheiten des Alltags in Familie, Freizeit und Schule. Es wird an eine reiche Erlebniswelt ohne Fernsehen und Computer, aber mit Schiefertafeln und Murmeln erinnert. Wer immer schon gern zugehört hat, wenn Eltern oder Großeltern von früher erzählt haben, der sollte sich dieses Buch zulegen ...

Kurt Bauer
Bauernleben
Vom alten Leben
auf dem Land

2007. 15,5 x 23,5 cm.
236 S. 49 s/w-Abb. Geb.
EUR 14,95
ISBN 978-3-205-77493-8

Wie war es im Dorf und auf dem Bauernhof früher wirklich? Die in diesem Buch abgedruckten Fotografien und Texte erlauben einen Blick auf das alte bäuerliche Leben. Von Idylle oder rustikaler Romantik ist da keine Spur. Stattdessen entsteht das Bild einer vielschichtigen Welt, die von kargen Verhältnissen und schwerer Arbeit, aber auch von Lebensfreude geprägt war. Um 1900 waren 60 Prozent der österreichischen Bevölkerung in der Land- und Forstwirtschaft tätig; hundert Jahre später beträgt der agrarische Bevölkerungsanteil nur mehr vier Prozent. Die Eltern und Großeltern von Millionen Österreichern sind noch in einer Lebenswelt groß geworden, die ihren Nachkommen heute längst fremd ist. Die Erzählungen von mehr als zwanzig Frauen und Männern, die auf dem Bauernhof aufgewachsen sind und oft ihr ganzes Leben in der Landwirtschaft tätig waren, geben Einblicke in eine nach und nach verschwundene Welt. Dabei geht es nicht um Nostalgie oder rückwärtsgewandte Verklärung, sondern um ein realistisches Abbild der keineswegs idyllischen bäuerlichen Existenz in Österreich in der ersten Hälfte des 20. Jahrhunderts. Zahlreiche Fotografien dokumentieren das einstige Leben und Arbeiten im Dorf und vermitteln einen unmittelbaren Eindruck von einer Welt, die nicht in Vergessenheit geraten sollte.

WIESINGERSTRASSE 1, 1010 WIEN, TELEFON (01) 330 24 27-0, FAX 330 24 27 32

Traude und Wolfgang Fath (Hg.)
Frauenleben
Mütter und Töchter erzählen

2007. 15,5 x 23,5 cm.
165 S. zahlr. s/w-Abb. Geb.
EUR 19,90
ISBN 978-3-205-77605-5

Ein Lesebuch der besonderen Art:
Mädchen, Frauen und Mütter erzählen auf unterschiedlichste Art aus ihrem Leben. Sie geben Einblicke, vermitteln Momentaufnahmen vom Frauenleben, von Alltagssorgen, von harter Arbeit und von den wenigen Augenblicken des Glücks. Die Erzählungen reichen von ca. 1880 bis ca. 1950 – also eine Zeitspanne mit vielen großen Ereignissen. Aber es sind die kleinen Dinge, von denen hier erzählt wird. Es sind Geschichten aus der Stadt, aus dem guten bürgerlichen Haus, aber ebenso Eindrücke vom harten Leben der Arbeiterfamilien und vom Leben auf dem Land, weit weg von aller Romantik. Aber so war es – und so lange ist das noch nicht her! Ein Geschenkband zum Muttertag und für jeden Festtag unter dem Motto: Uns geht es gut. Aber es war nicht immer so!

WIESINGERSTRASSE 1, 1010 WIEN, TELEFON (01) 330 24 27-0, FAX 330 24 27 32

Rosa Scheuringer (Hg.)
Bäuerinnen erzählen

Vom Leben, Arbeiten, Kinderkriegen und Älterwerden

(Damit es nicht verloren geht ..., Bd. 60)
2007. 12 x 20 cm.
ca. 280 S. Geb. ca. Euro 19,90
ISBN 978-3-205-77667-3

Zehn Bäuerinnen – zwischen 75 und 100 Jahre alt – schreiben über ihr Leben. Ihre Erinnerungen machen deutlich: Mehrfachbelastung ist nichts Neues, und Flexibilität wird Frauen nicht erst heute abverlangt. Die Autorinnen erzählen von ihren vielfältigen Tätigkeiten in Haus und Hof und vom Zusammenleben in der bäuerlichen Familie, von Geburt und Tod, vom Verhältnis zwischen Jungen und Alten, Frau und Mann. Arbeitsabläufe, Bräuche und Feste, die traditionell den Jahreslauf bestimmten, werden ebenso beschrieben, wie die Ausnahmesituationen der Kriegs- und Nachkriegsjahre.

Für die meisten Autorinnen dieses Bandes waren die grundlegenden Veränderungen in der bäuerlichen Arbeitsweise und im Dorfleben der wichtigste Antrieb, die eigenen Lebenserinnerungen zu Papier zu bringen - in erster Linie für ihre Nachkommen. Daher geben die persönlichen Erzählungen auch Einblick in den tief greifenden Strukturwandel der Landwirtschaft im 20. Jahrhundert und seine Auswirkungen auf die Betroffenen: Modernisierung und Ausbau der landwirtschaftlichen Betriebe sind ebenso Thema wie Probleme bei der Hofübergabe, manchmal auch die Aufgabe des Hofes.

Wiesingerstrasse 1, 1010 Wien, Telefon (01) 330 24 27-0, Fax 330 24 27 32